発達障害を考える　心をつなぐ

CD-ROM付き
特別支援教育をサポートする
読み書きにつまずく子への
国語教材集

齊藤代一　著

ナツメ社

はじめに

支援の必要な子どもたちは、「よい授業」の指標になる

　このたび、『CD-ROM付き 特別支援教育をサポートする 読み書きにつまずく子への国語教材集』が発刊の運びとなりました。

　本書は、かつての同僚である清水泰久先生、岸恵子先生とともに、自主的に作成した教材※と、その後、私が子どもたちを支援するために作成してきた教材をまとめたものです。私たちのような、「ことばの教室（言語障害通級指導教室）」の担当者には、「教科書」が存在しません。そのため、それぞれの指導者が支援方法を考え、工夫を凝らして教材を自作したり、市販の教材を活用したりしながら、子どもたちの支援をしています。

　本書には、「読む」「書く」「聞く」「話す」ことや、「音韻操作」「適切な言動」などといった能力にかかわる教材が収録されています。どの教材も、実際の指導現場で子どもたちに使用してきたものであり、実用的な教材だと思っています。

　私たち「ことばの教室」の担当者は、子どもにとって「わかりやすい支援方法や声かけ」をいつも考えています。その内容は、個別指導だからできることかもしれません。ですが、彼らへの支援や声かけの方法を、通常の学級の担任の先生方が知り、一斉指導の場で応用することは、「だれもがわかるよい授業」につながります。

　特別支援教育と聞くと、しばしば「個別の支援」を想像される場合が多いようです。そのため、一斉指導の場でいかに「個別の支援」を行うかと考えられがちです。それももちろん必要なことですが、私は支援すべき子どもを、「よい授業」が成立するための、一つの「指標」にすればよいと考えています。つまり、彼らへの支援や声かけの方法を、一斉指導の場での配慮や指示に生かせば、それは「だれもがわかるよい授業」となるのです。

　この本が、学習につまずきのある子どもたちにたずさわる方々の、支援の一助になれば幸いです。

齊藤　代一

※特定非営利活動法人全国LD親の会　発達障害児のためのサポートツール・データベース（教材・教具DB）「きこえとことばの教材集（CD）」

Contents

- 本書の使い方 6

解説　読み書きが苦手な子どもたち

- 読み書きの支援とは 12
- 支援の進め方 17
- 身につけたい能力 23
- 学習の流れ 26

教材　指導事例＆実践教材

PART 1　音韻操作
1. ちがうことばにかえてみよう 28
2. もじをならべかえてみよう 32

PART 2　語彙
3. つながることばをこたえよう 40
4. さて、なんでしょう？ 44
5. ジャンケン！ どんなもの？ 48
6. ことばなぞなぞ 52
7. コロコロさいころゲーム 56
8. ようすをあらわすことば 60
9. ことばのたしざん 64

PART 3　促音
10. ちいさい「つ」はどこにはいるかな？ 68
11. ちいさい「つ」をかいてみよう 72

PART 4　文章の読解
12. スリーヒントクイズ 80
13. かくれたことばをみつけよう 88
14. クロスワードパズル 92
15. なぞなぞあいうえお 96

PART 5	物事の説明		
	16. りゅうをかんがえよう	……	104
	17. けろちゃんはなにをしているの？	……	108
	18. ようすをかんがえよう	……	116
	19. なかまにわけよう	……	124
	20. つながることばをかいてみよう	……	128
	21. おなじところ ちがうところ	……	136
	22. どんなものかな？	……	144
	23. むすんでみよう	……	152

PART 6	時間関係		
	24. じかんのなぞなぞ	……	160

PART 7	適切な言動		
	25. こんなときどうしますか？	……	164

PART 8	感情表現・理解		
	26. きもちをかんがえよう	……	168

PART 9	漢字の読み		
	27. かんじをよもう	……	172

PART 10	漢字の書き		
	28. かんじをつくろう	……	176
	29. かんじでことばをつくろう	……	180

PART 11	作文		
	30. にっきをかこう	……	184
	31. どんなおはなしでしょう	……	188
	32. おはなしをつくろう	……	196
	33. せつめいしてみよう	……	200

本書の使い方

本書の見方

本書には、「読み書き」につまずく子どもたちに向け、すぐに使える教材と、その教材を使った指導アイデアを豊富に掲載しています。

ねらい
この教材の目的やねらいが書かれています。

使い方
教材の使い方と指導アイデアを解説しています。

教材
教材の一例です。本書に掲載されていない教材も、CD-ROMに収録されています。

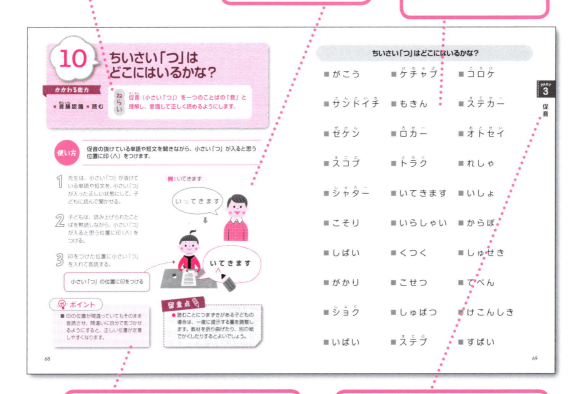

留意点・ポイント・発展
指導を進めるうえでの留意点やポイント、学習の発展方法を紹介しています。

11の能力
学習にかかわる11の能力（23〜25ページ参照）に対応しています。

教材の内容

子どもに身につけさせたい、学習の基礎となる11の能力に応じた教材を、33項目に分類して収録しています。教材のねらいや使い方の説明を参考にしながら、目的に合わせて教材を選ぶことができます。

- 教材は、本のページをそのまま拡大・縮小してコピーしたり、CD-ROMから必要なファイルを選んで印刷できるので、何度でも活用することが可能です。

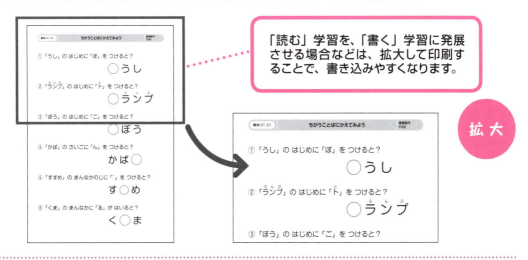

「読む」学習を、「書く」学習に発展させる場合などは、拡大して印刷することで、書き込みやすくなります。

拡大

- 教材によっては、解答例が収録されているものもあります。また、学習に役立つひらがな・カタカナ五十音表も収録されています。

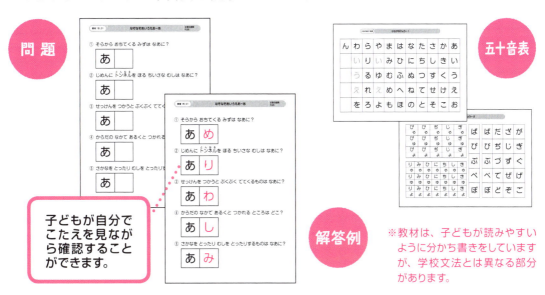

問題

子どもが自分でこたえを見ながら確認することができます。

解答例

五十音表

※教材は、子どもが読みやすいように分かち書きをしていますが、学校文法とは異なる部分があります。

CD-ROMの構成

CD-ROMには、250の教材と159の解答例、ひらがな・カタカナの五十音表が、PDF形式で収録されています。

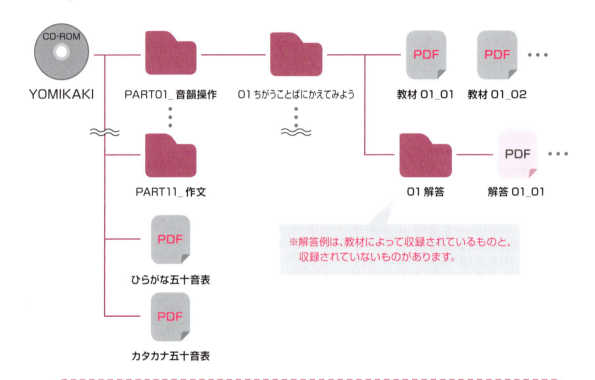

※解答例は、教材によって収録されているものと、収録されていないものがあります。

⚠ ご使用上の注意　※ CD-ROMをご使用の前に、必ずお読みください。

- ファイルをご覧いただくには、アドビシステムズ社のAdobe Reader（Ver.8以降）またはAdobe Acrobatが必要です。お持ちでない方は、アドビシステムズ社の公式ウェブサイトより、Adobe Readerをダウンロードしてください（無償）。
- 収録されているデータは、ご購入された個人または法人が、印刷して授業などで自由にお使いいただけます。ただし、営利目的での使用はできません。
- 収録されているデータそのものを無断で複製、頒布（インターネット等を通した提供を含む）、販売、貸与することはできません。
- 収録されているデータの著作権は、すべてナツメ社および著作権者に帰属します。

CD-ROM

YOMIKAKI

学習の基礎となる11の能力別に、33項目のフォルダが収録されています。

※データの並びは、ご使用の環境によって異なる場合があります。

- PART01_音韻操作
  - 01 ちがうことばにかえてみよう
  - 02 もじをならべかえてみよう
- PART02_語彙
  - 03 つながることばをこたえよう
  - 04 さてなんでしょう
  - 05 ジャンケンどんなもの
  - 06 ことばなぞなぞ
  - 07 コロコロさいころゲーム
  - 08 ようすをあらわすことば
  - 09 ことばのたしざん
- PART03_促音
  - 10 ちいさいつはどこにはいるかな
  - 11 ちいさいつをかいてみよう
- PART04_文章の読解
  - 12 スリーヒントクイズ
  - 13 かくれたことばをみつけよう
  - 14 クロスワードパズル
  - 15 なぞなぞあいうえお
- PART05_物事の説明
  - 16 りゆうをかんがえよう
  - 17 けろちゃんはなにをしているの
  - 18 ようすをかんがえよう
  - 19 なかまにわけよう
  - 20 つながることばをかいてみよう
  - 21 おなじところちがうところ
  - 22 どんなものかな
  - 23 むすんでみよう
- PART06_時間関係
  - 24 じかんのなぞなぞ
- PART07_適切な言動
  - 25 こんなときどうしますか
- PART08_感情表現_理解
  - 26 きもちをかんがえよう
- PART09_漢字の読み
  - 27 かんじをよもう
- PART10_漢字の書き
  - 28 かんじをつくろう
  - 29 かんじでことばをつくろう
- PART11_作文
  - 30 にっきをかこう
  - 31 どんなおはなしでしょう
  - 32 おはなしをつくろう
  - 33 せつめいしてみよう
- PDF ひらがな五十音表
- PDF カタカナ五十音表

CD-ROM収録教材＆解答一覧

＊「ページ」は、本書で教材の解説が掲載されているページです。
＊「解答ファイル名（pdf）」の欄が■になっているものは、解答例の収録されていない教材です。

フォルダ名1	フォルダ名2	教材ファイル名(pdf)	解答ファイル名(pdf)	ページ
PART01_ 音韻操作	01 ちがうことばにかえてみよう	教材01_01 ～ 教材01_07	解答01_01 ～ 解答01_07	P.28
	02 もじをならべかえてみよう	教材02_01 ～ 教材02_07	解答02_01 ～ 解答02_07	P.32
PART02_ 語彙	03 つながることばをこたえよう	教材03_01 ～ 教材03_05	解答03_01 ～ 解答03_05	P.40
	04 さてなんでしょう	教材04_01 ～ 教材04_04	解答04_01 ～ 解答04_04	P.44
	05 ジャンケンどんなもの	教材05_01 ～ 教材05_04	解答05_01 ～ 解答05_04	P.48
	06 ことばなぞなぞ	教材06_01 ～ 教材06_05	解答06_01 ～ 解答06_05	P.52
	07 コロコロさいころゲーム	教材07_01 ～ 教材07_03		P.56
	08 ようすをあらわすことば	教材08_01 ～ 教材08_07	解答08_01 ～ 解答08_07	P.60
	09 ことばのたしざん	教材09_01 ～ 教材09_04	解答09_01 ～ 解答09_04	P.64
PART03_ 促音	10 ちいさいつはどこにはいるかな	教材10_01 ～ 教材10_06	解答10_01 ～ 解答10_06	P.68
	11 ちいさいつをかいてみよう	教材11_01 ～ 教材11_09	解答11_01 ～ 解答11_09	P.72
PART04_ 文章の読解	12 スリーヒントクイズ	教材12_01 ～ 教材12_09	解答12_01 ～ 解答12_09	P.80
	13 かくれたことばをみつけよう	教材13_01 ～ 教材13_08	解答13_01 ～ 解答13_08	P.88
	14 クロスワードパズル	教材14_01 ～ 教材14_08	解答14_01 ～ 解答14_08	P.92
	15 なぞなぞあいうえお	教材15_01 ～ 教材15_42	解答15_01 ～ 解答15_42	P.96
PART05_ 物事の説明	16 りゆうをかんがえよう	教材16_01 ～ 教材16_05		P.104
	17 けろちゃんはなにをしているの	教材17_01 ～ 教材17_08		P.108
	18 ようすをかんがえよう	教材18_01 ～ 教材18_10		P.116
	19 なかまにわけよう	教材19_01 ～ 教材19_06	解答19_01 ～ 解答19_06	P.124
	20 つながることばをかいてみよう	教材20_01 ～ 教材20_10		P.128
	21 おなじところちがうところ	教材21_01 ～ 教材21_10		P.136
	22 どんなものかな	教材22_01 ～ 教材22_08		P.144
	23 むすんでみよう	教材23_01 ～ 教材23_07	解答23_01 ～ 解答23_07	P.152
PART06_ 時間関係	24 じかんのなぞなぞ	教材24_01 ～ 教材24_06	解答24_01 ～ 解答24_03	P.160
PART07_ 適切な言動	25 こんなときどうしますか	教材25_01 ～ 教材25_04		P.164
PART08_ 感情表現_ 理解	26 きもちをかんがえよう	教材26_01 ～ 教材26_03		P.168
PART09_ 漢字の読み	27 かんじをよもう	教材27_01 ～ 教材27_05		P.172
PART10_ 漢字の書き	28 かんじをつくろう	教材28_01 ～ 教材28_10	解答28_01 ～ 解答28_10	P.176
	29 かんじでことばをつくろう	教材29_01 ～ 教材29_08	解答29_01 ～ 解答29_08	P.180
PART11_ 作文	30 にっきをかこう	教材30_01 ～ 教材30_04		P.184
	31 どんなおはなしでしょう	教材31_01 ～ 教材31_07		P.188
	32 おはなしをつくろう	教材32_01 ～ 教材32_03		P.196
	33 せつめいしてみよう	教材33_01 ～ 教材33_08		P.200
		ひらがな五十音表／カタカナ五十音表		—

解説

読み書きが**苦手**な子どもたち

読み書きの支援とは

「読み書き」と特別支援教育

　特別支援教育が、その理念とともに学校教育法に位置づけられてから10年が過ぎ、学校現場に少しずつ定着しつつあります。

　通常の学級のなかで、特別な支援が必要と判断される子どものタイプはさまざまです。集団への不適応を起こしたり、結果的に、場を乱したりしてしまう子どもは、クラスで「目立つ存在の子ども」であることが多いように思います。

　一方、行動面での課題はないけれど、学習面で課題がある子どももいます。

　彼らは、困り感が表面化しにくいうえに、自分からそれを訴えないことも多く、単に「おとなしい子ども」とみられ、困難を見過ごされてしまうことも少なくありません。

　これらの子どもの課題には、それぞれ別の背景があるように思われますが、実は、どちらも「読み書き」のつまずきが背景になっている場合があります。

　「読み書き」は、教科学習の基礎となるばかりでなく、全面的な発達に不可欠なものです。ですから、特別支援教育にたずさわる先生方は、「行動」に加えて、「読み書き」についても目を配り、専門性を高めていく必要があると思います。

学習面の課題がある子ども

行動面の課題がある子ども

課題の原因は別々のようにみえても、どちらも背景に「読み書き」のつまずきがある場合がある

「読み書き」の課題とは

「読み書き」の課題があると、子どもにはどのようなようすがみられるのでしょうか。右に、具体的な例をあげてみたいと思います。

とくによくみられるのは、読みにつまずいたり、書字が乱雑になるといった課題です。このような課題は、比較的表面化しやすく、先生方も気づきやすいといえます。ただ、なかには表面化しにくく、気づかれにくい課題もあります。

たとえば、文字を思い起こすことに時間がかかり、書くことにつまずいているような場合です。

これは、頭の中にある「文字の引き出し」が整頓されていないため、必要な文字をすぐに取り出せないような状態です。このような子どもは、しばしば鉛筆を動かす手が止まってしまいます。

しかし、先生が机間巡視(きかんじゅんし)などをしている間になんとか思い起こして書き終えていることが多く、気づかれにくいのです。

この部分につまずいていると、読んだり書いたりすることで精一杯になってしまい、学習内容の理解にまでたどりつくことができません。

学習に苦戦している子どものなかには、この「読み書き」の課題をもつ子どもが、けっして少なくありません。

「読み書き」の課題の具体例

- ひらがな・カタカナが覚えられない
- 特殊音節(そくおん)(促音や拗音(ようおん)など)が抜けたり、誤ったりする
- 作文が書けない
- 文章を単語のまとまりで読めない

「その…と…き や…まのう…え」

- 書いた文字が乱雑になる
- 漢字を正しく覚えたり書いたりできない

「読み書き」の課題の背景

では、「読み書き」の課題は、どのようなことが原因で起こるのでしょうか。

1 音韻認識の弱さ

「雨」ということばは、「あ」「め」と、二つの音からできています。このように、ことばが音に分けられるなどの理解を「音韻認識」といいます。

音の一拍の単位は「モーラ」といい、日本語の音の基礎になります。定型発達の子どもの場合、次のような発達段階を経てモーラの気づきと操作が身につくといわれています。

しかし、「読み書き」に課題がある子どもは、この発達段階を経ることができません。実際、定型発達の子どもは、5歳ごろまでに、ひらがなのおおよそ90%以上を読むことができるという研究結果があります。一方で、音韻認識や操作の力が弱い子どもたちは、文字への関心が起こりにくいようです。

私は「読み書き」についての相談を受けたとき、保護者の方に「お子さんは就学前に、ひらがなに興味を示しましたか?」と聞くことにしていますが、「いえ、まったく興味を示しませんでした」という返答をよく聞きます。

モーラの気づきと操作の発達

4歳後半ごろまで
- モーラへの気づきができる
  ➡ 「みかん」は「み・か・ん」の3音
- 単語の最初や最後の音がわかる
  ➡ 最初は「み」、最後は「ん」

5歳半ごろまで
- 単語の中から文字を取り出せる
  ➡ みかんの「か」
- 2モーラの逆唱ができる
  ➡ あめ → めあ

6歳半ごろから
- 3モーラの逆唱ができる
  ➡ みかん → んかみ　など

2 ワーキングメモリーの弱さ

「ワーキングメモリー」とは、作業や課題の遂行中に、一時的に記憶を保持し、処理する能力をいいます。

ワーキングメモリーを研究したBaddeley(バドリー)は、次ページのような図を提唱し、物事の情報は、聴覚的な処理(音韻ループ)や視覚的な処理(視空間スケッチパッド)、さらに、情報を自身の経験や知識と照らし合わせること(エピソードバッファー)で、全体的な処理が行われると説明しています。

「読み書き」に課題がある子どもは、この処理能力のいずれかがスムーズに働かないのではないかと考えられています。

3　音から文字への変換スピードの遅さ

文字（視覚的な情報）を音声に変換することで、「読む」ことができます。

逆に、音声を文字に変換することで、「書く」ことができます。文字を思い起こすことがうまくいかない子どもは、この領域に弱さがある場合が多いようです。

4　視覚と運動協応の弱さ

文字を書くためには、目と手を協応させて動かす必要があります。しかし、この部分に弱さがあると、目で見た通りに書くことが難しかったり、鉛筆をうまく操作できなかったりします。

5　視空間認知の弱さ

視空間認知に弱さがあると、文字の形を正しくとらえることができません。つまり、点の位置や線の方向、長さやバランスなどの見当が定まらないのです。

視空間認知の弱さの例

- 形が似ていたり、細部のみが異なる文字の区別がつかない
  ➡「ま」「よ」、「め」「ぬ」など
- 書いた文字が鏡文字になる
- 書いた文字の形が整わなかったり、マス目に収まらない　　　など

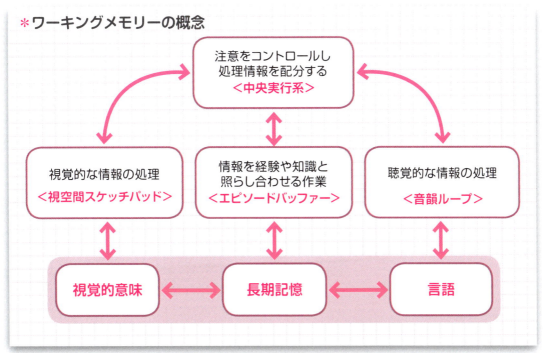

＊ワーキングメモリーの概念

参考資料：金剛出版『特別支援教育の理論と実践［第2版］Ⅱ巻 指導』（2012）より一部改変

「読み書き」の支援について

　支援にかかわるなかで、「読み書きが苦手ならば、ほかの子の2倍、3倍練習をさせよう」と考える先生がいらっしゃいます。たとえば、漢字を1行書いて覚えられないなら2行、3行と書かせるのです。

　しかし、すでに述べたように、「読み書き」の困難さには、さまざまな背景があるため、一人一人のつまずきに合った支援を見つけることが必要です。むやみに子どもの学習量を増やすことは、かえって「読み書き」を嫌いにさせてしまう可能性もあるのです。

　では、苦戦している子どもに、どのような支援をすればよいのでしょうか。それを知るためには、子どものどの能力を高める必要があるのかをつかむこと（アセスメント）が大切です。

　発達や知能などの検査を、すべての子どもに行うことができればそれにこしたことはありませんが、実際には難しいでしょう。

　本書は、特別支援教育にたずさわる方々に、子どもに合った支援を見つけ、活用していただくことをねらいとしています。各教材にはそれぞれ、身につけたい「ねらい」が書かれていますので、取り組んでいる子どものようすから、得意、不得意を見つけていくことも可能です。

子どもにわかりやすい授業をめざす

　私は、通常の学級の先生方に、よくこのような話をします。

　「特別支援教育と聞くと、なにか個別の特別な配慮や、専門的な支援をしなくてはならないと思われがちですが、まずは支援すべき子どもがよくわかる授業をめざすことが大切だと思います。彼らが理解できる授業は、きっと、ほかの子どもたちにとってもわかりやすい授業になります。彼らこそが、よい授業の〈指標〉になるのです」。

　よりよい「授業」が、すべての指導の土台となります。それがあって、はじめて、よりよい「個別の支援」が成立するのだと思います。

もっと練習しましょう！

支援の進め方

支援を進めるうえで留意したいこと

子どもへの支援は、多くの配慮をしたり、タイミングを考慮したりしながら進めていくことが大切です。とくに、以下のことに留意する必要があります。

1　子どもの特性をつかむ

先生ははじめに、さまざまな検査の結果や日ごろの行動の観察、ことばのやりとりなどによって、子どもの特性をつかんでおくことが重要です。

また、これらのアセスメントによって「支援すべき課題」を知ることはもちろんですが、「支援に生かすことができる、子どもの得意な分野」も知っておく必要があります。

たとえば、よく有効だといわれている視覚的な手がかりを与える支援は、聴覚的な記憶力に課題があるために、物事の「継次処理」は苦手だけれど、「同時処理」が得意な子どもの特性（下図参照）に、合った支援といえるでしょう。

子どもの特性の例：情報の認知のしかた

「同時処理」が得意なタイプ

はじめに情報の全体像をとらえてから処理していく認知特性

↓

絵などの視覚的な手がかりを使った、全体をとらえやすい支援が有効

「継次処理」が得意なタイプ

情報を一つずつ、順番に処理していく認知特性

↓

ことばや文字などで説明し、順序立ててとらえやすい支援が有効

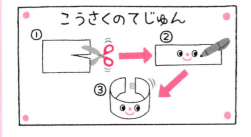

こうさくのてじゅん
① おりがみを はんぶんに きる
② ペンで かおを かく
③ はしとはしを テープでとめる

2　「聞く」「話す」能力が重要

「読む」「書く」ためには、「聞く」「話す」力が十分に育っていることが前提になります。

「聞く」ことで、文意をつかむことができ、それが自分の知識となります。また、「話す」ことで、考えや思いを相手に伝えることができます。つまり、「読み書き」の支援は、「聞く」「話す」を含めた言語発達の支援でもあるのです。

そのため学習の際は、人の意見を聞くことで新たな知識を得たり、自分の考えや思いを話したりできるような教材を選ぶことが大切だと思います。

3　子どもに合わせて教材を選ぶ

子どもの実態に合わせて選んだつもりの教材でも、内容の半分以上が「わからない」ようであれば、その教材は子どもに合わないと考えてよいでしょう。

「わからない」ということは、子どもにとってかなりの負担となります。それが全体の半分以上もあるのでは、学習への意欲も低くなります。

支援する側も、またいつか活用できるときが来るだろうと、気持ちを切りかえることが大切です。

難易度を下げるなどして、改めて教材を選びましょう。

「聞く」「話す」学習に役立つ教材例

「ようすをかんがえよう」（116ページ参照）

- 絵を見ながら話したり、人の意見を聞き入れながら知識を増やしたりすることをねらいとした教材

「せつめいしてみよう」（200ページ参照）

- 絵が示している場面から、状況を適切にとらえたり、説明したりできるようにすることをねらいとした教材

4 達成感を得られるようにする

　私が子どもを支援する際に、最も気をつけていることは、取り組んだ学習について、できるかぎり「子どもからこたえが出てくる」ようにすることです。

　子どもに合った教材を選び、学習を進めるなかで、子どもが悩んだり、こたえを思い起こせなかったりする場面がたびたびあります。

　そのようなときでも、支援者がすぐにこたえを教えてしまうのではなく、さまざまに工夫をこらしながら、最終的には子どもが自分でこたえられるように配慮することが大切です。そして、本人が「ヒントはもらったけれど、自分でこたえを出すことができた」という達成感を得られるようにします。

　ヒントをもとにしながら、子どもがこたえにたどり着けたときには、必ず肯定的なフィードバック（言動をほめたり、どこを改善すればもっとよくなるかなどを伝えること）を行います。

効果的なフィードバックの例

ことばでのフィードバック
- 「自分で間違いに気づけたね」
- 「さいごまで続けられたね」

など

できるだけ具体的にほめる。また、結果だけでなくプロセスもほめることが大切

行動やものでのフィードバック
- 拍手をする
- 頭をなでる
- シールやスタンプを与える

など

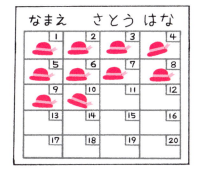

シールやスタンプは視覚的にもわかりやすく、達成感につながりやすい

5　手がかりを与えて負担を軽減する

子どもによっては、手がかりを多く与えて「読み書き」の負担を軽減させることが必要な場合があります。

たとえば、書くことに課題がある子どもには、五十音表を用意して活用するとよいでしょう。五十音表は、書く文字を見ながら確認することができ、とくに文字と音声が一致しなかったり、うまく思い起こせなかったりする子どもに対して有効です。何もないところから文字を思い起こす（再生）よりも、五十音表によって書く文字をくり返し確認（再認）することで、定着を図るのです。

思い出せそうで思い出せないという状態は、大人でもつらいものです。漢字なども同様に、書き方をくり返し教えてあげることで、覚えさせていきます。

手がかりの与え方の例

- こたえの要点を口頭で伝えたり、はじめの文字を教えたりする
- 五十音表でこたえの文字が入る行を示し、順番に言うことで導く
- 絵や図を用いて、視覚的な手がかりを与える
- 黒板にこたえの文字数の「〇」を書き、はじめの文字だけを書き入れておいたり、知りたい文字の場所にあたる「〇」を選ばせたりして教える

など

6　学習の成果を焦らない

「読み書き」に課題がある子どもにとっても、定型発達の子どもにとっても、1日は「24時間」です。

しかし、定型発達の子どもがすぐに覚えてしまえるような文字でも、「読み書き」に課題がある子どもの場合は、覚えるためにその何倍もの時間が必要になることも少なくありません。そう考えると、「読み書き」に課題がある子に取り組ませる学習は、量や時間を配慮しなければならないでしょう。

「読み書き」は、その子が生涯にわたって取り組んでいく課題です。そのため、自分が担当（担任）の間に成果を出そうと焦るのではなく、「まいた種は、いつか必ず花が咲く」という気持ちで支援していくことが大切です。

効果的な支援の進め方

1　子どもに見通しをもたせる

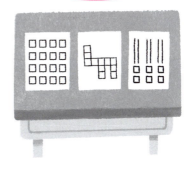

学習をはじめる前に、子どもにその日に取り組んでもらいたい教材を見せるとよいでしょう。

たとえば、教材を机の上にすべて並べたり、取り組む教材の名前を黒板に書いたりします。そうすることによって、子どもはこれから何をするのかがわかります。そして、その時間についての見通しをもつことができます。

2　子どもに取り組む教材を決めさせる

支援者が、子どもの特性を考慮して取り組む教材の順番や内容を決めてもよいのですが、ときには、子ども自身に決めさせてもよいと思います。

自分で決めさせることによって、子どもが、「この順番で教材をやり終える」ということを、ごく自然に目標にすることができます。

3　ことばのやりとりを活発に

ただ淡々と教材に取り組ませるのではなく、ことばでのやりとりを活発に行いたいものです。

たとえば、子どもがこたえを出したタイミングで、そのことばについての会話や想像が広がっていくような声かけをするよう配慮します。

教材そのものがおもしろいということも、もちろん必要ですが、教材に取り組む過程での「やりとりが楽しい」と感じることが、「学習することの楽しさ」にもつながっていきます。

4　学習の成果は見えるようにする

やり終えたプリントなどは、できればファイルに綴じておきます。

また、取り組んだ枚数の分だけ、シールを表に貼るなどしてもよいでしょう。学習の成果を目に見える形で示しておくことで、子どもの達成感につなげることができます。

身につけたい能力

　本書には、学習の基礎となる11の能力を身につけることを目的とした教材が収録されています。

　子どものようすを見て、とくにつまずきやすい能力の学習から取り組ませるとよいでしょう。また、教材に取り組ませるなかで、子どものつまずきを見つけることもできます。

1　音韻操作（音韻認識）

　音韻操作とは、ことばがどのような音のかたまりに分かれるかを認識（音韻認識）し、操作することです。

　たとえば、「つくえ」ということばが「つ・く・え」の3つの音からできていることがわかる、「つくえ」の語頭音は「つ」、語中音は「く」、語尾音は「え」であるとわかる、「つくえ」を「えくつ」と逆から言うことができるなどの能力で、「読み書き」の定着にはこの能力が必要になります。就学前までに3文字の単語の音の認識と操作が身につき、「読み書き」の基礎が完成するといわれていますが、「読み書き」につまずいている子どもの場合は、この能力が身についているかを確かめる必要があります。

　〈PART1 音韻操作〉では、示されたことばに文字を加えたり、文字を入れかえたりしながら、音韻操作を身につけていきます。

2　語彙

　語彙とは、知っていることばの数のことです。

　文字を読んだり、書いたりするためには、年齢にともなった語彙の獲得が必要です。「読み書き」の支援で大切なことは、ただ「読める」「書ける」ことをねらいとするのではなく、「語彙を獲得していく」ための学習にすることです。

　語彙には、内言語と外言語があります。内言語とは、発声をともなわずに自分の頭の中だけで使うことばです。「話すことは上手ではないものの、人の話は理解できる」という場合は、内言語の語彙がおおよそ獲得されている状態だといえます。そうなれば、今度は、適切にその語彙を思い起こし、他者へ向けて発声（外言語）できるようになることが大切です。

　〈PART2 語彙〉では、「読み書き」をくり返して語彙を増やしたり、与えられた情報からことばを思い起こしながら話したりできるように学習していきます。

❸ 促音(そくおん)

促音とは、特殊音節の一つで、「つまる音(小さい「つ」)」のことです。「読み書き」でつまずいている子どもの場合、特殊音節が音として認識されにくいようすがみられます。
特殊音節には、主に以下のような種類があります。
- **促音**:小さい「つ」がつく、つまる音　➡「きって」
- **拗音(ようおん)**:小さい「や・ゆ・よ」がつく、ねじれる音　➡「きしゃ」
- **長音(ちょうおん)**:のばす音　➡「おとうさん」
- **撥音(はつおん)**:はねる音(「ん」)　➡「きんか」　など

〈PART3 促音〉では、促音を意識しながら、正しく読んだり書いたりできるように練習します。

❹ 文章の読解

音読や黙読した文字は、頭の中で音に変換することで読むことができます。
この「文字を音に変換する」作業につまずきがあると、読むことだけで精一杯になってしまい、内容までを読みとることができません。
〈PART4 文章の読解〉では、短い問題文やクロスワードパズルに取り組みながら、問われていることを読みとる学習をします。

❺ 物事の説明

周囲とコミュニケーションをとるためには、物事を適切に相手に伝えることが必要になります。しかし、「読み書き」につまずく子どもの場合、物事を正しく把握したり、それをことばで説明したりすることが難しい傾向があります。
〈PART5 物事の説明〉では、ものや状況について示した絵や文章をもとに、ものの特徴や属性、共通点や相違点を考え、知識を増やしていきます。

❻ 時間関係

時間の流れの概念が身についていなかったり、物事の順序が理解できていなかったりする子どもの場合、「思いついたことをそのまま話す」「いつの話をしているのかがわかりにくい」などのようすがみられることがあります。
〈PART6 時間関係〉では、物事の因果関係を理解するために、日付、曜日などを理解し、時間の流れの概念を身につけていきます。

7 適切な言動

　語彙が少なかったり、状況を把握する力が弱かったりする子どものなかには、社会のなかで求められる言動ができていない子どもがいます。
　〈PART7 適切な言動〉では、身近な学校生活で起こりうる場面についての質問にこたえたり、その質問についての人の意見を聞き入れたりする学習を通して、場面に応じた適切な言動を学びます。

8 感情表現・理解

　周囲とコミュニケーションをとるためには、気持ちの適切な表現や理解が重要になります。そのためには、感情を表現する「ことば」や「表情」を知ることが必要です。
　〈PART8 感情表現・理解〉では、場面に合わせて適切に自分の気持ちを表現したり、人の表情から感情を理解したりする学習をします。

9 漢字の読み

　「読み書き」につまずく子どものなかには、漢字の読みの習得が難しい子どもがいます。
　〈PART9 漢字の読み〉では、漢字を文脈や知っている場面と合わせて思い起こしながら、意味を連想させ、くり返し読むことで定着させていきます。

10 漢字の書き

　漢字に対するつまずきの背景は、子どもによってさまざまです。
　〈PART10 漢字の書き〉では、とくに漢字の形を認識することが難しい子どもに向けて、「構成」に着目させながら、漢字を書く練習をしていきます。

11 作文

　作文は、自分の経験したことを人に伝えるために、適切なことばを思い起こす必要があり、話すときよりも正確に文法を使わなくてはならず、難しい学習の一つです。
　〈PART11 作文〉では、先生と子どもが話し合いをしながら、時間の順序や物事の因果関係を考えてことばを思い起こす練習をし、作文に必要な力を身につけます。

学習の流れ

1 準備　子どもに合わせて教材を選ぶ

　子どもがとくにつまずきやすい学習や、身につけさせたいと思う能力の教材を選びます。ただし、難しいなどの理由でなかなか学習が進まないようであれば、問題を選び直しましょう。子どもが学ぶ意欲を保てるように、「楽しく」取り組める教材を選ぶことが大切です。

2 説明　取り組み方をわかりやすく説明する

　取り組む教材の内容について、子どもに説明します。子どもがこれから行うことの見通しをもちやすいように、机に並べて見せたり、黒板に教材についての説明を書いたりして示してもよいでしょう。

3 取り組む　ことばでやりとりしながら教材に取り組む

　教材に取り組むとき、先生は積極的に子どもとことばでのやりとりをし、単語やこたえについての想像が広がるように心がけます。また、できるだけ多くの手がかりを与えて、可能な限り自分でこたえが出せるように導きましょう。

4 こたえ合わせ　解答例を見ながらこたえ合わせをする

　解答例が収録されている教材もあります。解答例をもとに、自分でこたえ合わせをすることで、くり返し確認することができ、間違いも意識しやすくなります。また、先生と一緒に確認し、他者の意見を聞くことで、一つの物事にも複数の意味や解釈があることを知ることもできます。

教材

指導事例
&
実践教材

ちがうことばにかえてみよう

かかわる能力
- 音韻認識
- 聞く

ねらい 読み書きの基礎となる「音韻操作」（ことばの音の並びを理解する、一つの音を抜き出す、音の順番を入れかえるなど）を身につけます。

使い方

ことばに文字を加えたり、順番や一部を入れかえたりしながら、別のことばをつくります。

1 先生が問題を読み、子どもは、示されたことばに文字を加えると、どんなことばにかわるかを考える。

例：文字を加える

「うし」のはじめに「ぼ」をつけると？ →

2 文字を加える学習に慣れてきたら、文字を入れかえる学習へと進めていく。

例：文字を入れかえる

「うちわ」のまんなかのじを「き」にかえると？ →

留意点

- 一般的には、就学前までに3文字のことばの音韻操作ができるようになるといわれていますが、読み書きに課題があると、この操作につまずくことがあります。まずは、3文字の音韻操作が確実にできるよう、ていねいに教えましょう。

発展

- 活動に慣れてきたら、子どもに問題を読ませてもよいでしょう。
- 教材を拡大してコピーや印刷し、書き込むスペースを大きくして、こたえを書く学習に発展させてもよいでしょう。

ちがうことばにかえてみよう

① 「うし」の はじめに 「ぼ」を つけると？

◯うし

② 「ランプ」の はじめに 「ト」を つけると？

◯ランプ

③ 「ぼう」の はじめに 「ご」を つけると？

◯ぼう

④ 「かば」の さいごに 「ん」を つけると？

かば◯

⑤ 「すすめ」の まんなかのじに 「゛」を つけると？

す◯め

⑥ 「くま」の まんなかに 「る」が はいると？

く◯ま

ちがうことばにかえてみよう

① 「ひま」の はじめのじを 「こ」に かえると？

　　　　　　　　　◯ま

② 「こばん」の はじめのじを 「か」に かえると？

　　　　　　　　　◯ばん

③ 「かめん」の はじめのじを 「じ」に かえると？

　　　　　　　　　◯めん

④ 「うちわ」の まんなかのじを 「き」に かえると？

　　　　　　　　　う◯わ

⑤ 「おしろ」の まんなかのじを 「ふ」に かえると？

　　　　　　　　　お◯ろ

⑥ 「ふきん」の まんなかのじを 「と」に かえると？

　　　　　　　　　ふ◯ん

ちがうことばにかえてみよう

① 「フランスパン」の「フランス」を
「フライ」に かえると？

② 「ガラス」の はじめのじから「゛」を とると？

③ 「ちりとり」の「ちり」を「にわ」に かえると？

④ 「ごぼう」の どれかを「き」に かえると？

⑤ 「スペード」の どれかを「ピ」に かえると？

⑥ 「ロケット」の どれかを「ボ」に かえると？

2 もじをならべかえてみよう

かかわる能力
- 音韻認識
- 読む
- 聞く

ねらい 読み書きの基礎となる「音韻操作」（ことばの音の並びを理解する、音の順番を入れかえる、文字と音を対応させるなど）を身につけます。

使い方 文字を並べかえて、かくされている意味のあることばを見つけます。

---

1. 先生が、配列された文字を子どもに見せながら読んで聞かせ、子どもは聞きながら文字を読む。

2. 子どもは読み上げられた文字を、意味のあることばになるように並べかえてこたえる。

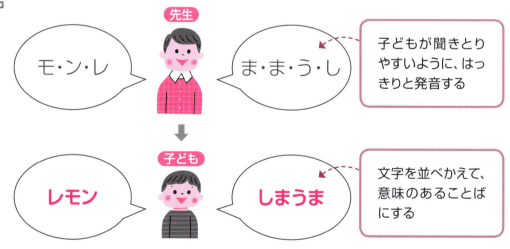

発展

■ はじめは子どもに教材を見せながら行いますが、活動に慣れてきたら、口頭のみで伝える、読み上げる速度をかえるなど、難易度を調整することもできます。

もじをならべかえてみよう

たべもの

だごん ➡ ○○○

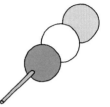

はんご ➡ ○○○

キーケ ➡ ○○○

そきばや ➡ ○○○○

やたきこ ➡ ○○○○

めやだきま ➡ ○○○○○

ラレーイカス ➡ ○○○○○○

ケートホッキ ➡ ○○○○○○

PART 1 音韻操作

もじをならべかえてみよう

たべもの

モンレ（もんれ）➡ ◯◯◯

ちいご ➡ ◯◯◯

かんみ ➡ ◯◯◯

うりきゅ ➡ ◯◯◯◯

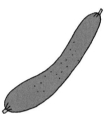

こんいだ ➡ ◯◯◯◯

にじんん ➡ ◯◯◯◯

ねたまぎ ➡ ◯◯◯◯

ナッイパルプ（なっいぱるぷ）➡ ◯◯◯◯◯◯

もじをならべかえてみよう

いきもの

めか ➡ ○○

すり ➡ ○○

こね ➡ ○○

りんき ➡ ○○○

ぎさう ➡ ○○○

ぐらも ➡ ○○○

ずねみ ➡ ○○○

ままうし ➡ ○○○○

PART 1 　音韻操作

もじをならべかえてみよう

のりもの

スバ ➡ ○○

ねふ ➡ ○○

クラット ➡ ○○○○

てちかつ ➡ ○○○○

うこきひ ➡ ○○○○

しゃてんじ ➡ ○○○○○

んかしんせん ➡ ○○○○○○

うしゃぼうしょ ➡ ○○○○○○○

もじをならべかえてみよう

みのまわりのもの

ツンパ ➡ ◯◯◯

ぼしう ➡ ◯◯◯

プエンロ ➡ ◯◯◯◯

つたくし ➡ ◯◯◯◯

こいさろ ➡ ◯◯◯◯

ごうしん ➡ ◯◯◯◯

ろくてぶ ➡ ◯◯◯◯

ぬぐるいみ ➡ ◯◯◯◯◯

PART 1　音韻操作

もじをならべかえてみよう

ひと

せいせん ➡ ○○○○

いとうも ➡ ○○○○

あおかさん ➡ ○○○○○

なおんのこ ➡ ○○○○○

けいさかつん ➡ ○○○○○○

ひらゆきめし ➡ ○○○○○○

おさうもすん ➡ ○○○○○○

ちゃんかあ ➡ ○○○○○

もじをならべかえてみよう

でんきせいひん

レテビ ➡ ○○○

わんで ➡ ○○○

イアンロ ➡ ○○○○

うきそじ ➡ ○○○○

ソンコパ ➡ ○○○○

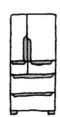

いぞれこう ➡ ○○○○○

ぷうせんき ➡ ○○○○○

イラドヤー ➡ ○○○○○

PART 1 音韻操作

3 つながることばを こたえよう

かかわる能力
- 知識 ● 推測
- 聞く ● 話す

ねらい 文章の文脈から、ことばを思い起こしたり、ものの名前を覚えたりします。

使い方 問題の文脈をヒントにして、同じような関係性で文章のあとにつながることばを考えます。

1. 先生が、子どもに問題を読んで聞かせる。

2. 子どもは、問題の文脈をヒントにして、そのあとにつながることばを考えてこたえる。

しろは はくちょう。くろは…？

問題を覚えていられない子どもの場合は、問題を見せながら読んで聞かせる

留意点
- 一度聞いただけでは、問題を覚えておくことが難しい子どももいます。すぐに忘れてしまうような場合は、改めて読んで聞かせたり、問題を見せながら読んで聞かせることで、理解が進みやすくなります。

発展
- わからなかったことばを、絵じてんなどで調べる学習に発展させてもよいでしょう。

つながることばをこたえよう

■ つくえは かぐ。 おさらは…？

■ パンダは ちゅうごく。 カンガルーは…？

■ くるまは どうろ。 でんしゃは…？

■ プールは みず。 はたけは…？

■ こいのぼりは 5がつ。 サンタクロースは…？

■ せつぶんは 2がつ。 たなばたは…？

■ きゅうりは みどり。 トマトは…？

■ つめは つめきり。 みみは…？

つながることばをこたえよう

■ パー(ぱー)にかつのは チョキ(ちょき)。グー(ぐー)にかつのは…？

■ チョキ(ちょき)にまけるのは パー(ぱー)。グー(ぐー)にまけるのは…？

■ しろは はくちょう。くろは…？

■ やきゅうは バット(ばっと)。テニス(てにす)は…？

■ パン(ぱん)には ジャム(じゃむ)。オムレツ(おむれつ)には…？

■ みぎと ひだり。うえと…？

■ ふえは ふく。もっきんは…？

■ かみを きるときは はさみ。
　もじを かくときは…？

つながることばをこたえよう

■ かたてのゆびは 5。 りょうてのゆびは…？

■ しょうがっこうの がくねんは 6。
ちゅうがっこうの がくねんは…？

■ おしょうがつは 1 がつ。 おおみそかは…？

■ 5 がつは こいのぼり。 3 がつは…？

■ 12 がつは クリスマス。 7 がつは…？

■ 7 がつは なつやすみ。 12 がつは…？

■ 3 がつは そつぎょうしき。 4 がつは…？

4 さて、なんでしょう？

かかわる能力
- 知識
- 推測
- 読む
- 書く

ねらい 複数の情報から、ものの名前を思い起こしたり、その名前を書いたりできるようにします。

使い方 複数の単語をヒントにして、そこから思い起こされることばを書いていきます。

1. 先生ははじめに、問題にはそれぞれ「いきもの」「場所」「お話」などのテーマがあり、こたえはそのテーマに沿ったものであることを子どもに伝える。

2. 子どもは複数の単語を読み、それらが何を示しているのかを考えて、解答欄に書く。

単語をヒントに、示しているものを推測する

留意点

● 複数の情報をもとにしてことばを思い起こす問題は、短文による問題（「つながることばをこたえよう」40ページ参照）よりも情報量が多く、混乱してしまう子どももいます。そのような場合は、知っている単語を〇印で囲ませて、そこから連想できることばを考える活動にしてもよいでしょう。

さて、なんでしょう？

いきもの

■ はな・とぶ・はり・みつ・ぶんぶんぶん

■ あか・はさみ・うみ・よこあるき

■ しろとくろ・ぼくじょう・ぎゅうにゅう・モー

■ オーストラリア・おなかのふくろ・あかちゃん・はねる

■ よる・もり・ホーホー・とり・おおきいめ

さて、なんでしょう?

ばしょ

■ コックさん・ジュース・ハンバーグ・おこさまランチ

■ ランドセル・きゅうしょく・べんきょう・せんせい

■ おまわりさん・まいご・おとしもの・パトカー

■ のる・おりる・まつ・じこくひょう・でんしゃ

■ ジェットコースター・おばけやしき・かんらんしゃ

さて、なんでしょう？

おはなし

■ かがみ・どくいりりんご・7にん・こびと

■ おばあさんのいえ・おつかい・おおかみ・ずきん

■ かぼちゃのばしゃ・ダンス・じゅうにじ・ガラスのくつ

■ きじ・さる・いぬ・きびだんご・おにたいじ

■ かめ・うみ・りゅうぐうじょう・たまてばこ

5 ジャンケン！どんなもの？

かかわる能力
- 知識
- 推測
- 読む
- 書く

ねらい 修飾することばや、対照的な意味をもつことばを思い起こしたり、書いたりできるようにします。

使い方 示されたことばから連想される、「もの（名前）」「音（ようす）」「反対ことば」などを考えて、解答欄に書きながらゴールをめざします。

---

1. 二人で取り組み、それぞれ1コースか2コースかを選ぶ。

2. ジャンケンをして勝ったほうが、自分のコースに書かれたことばを読み、思い起こされることばを解答欄に書いていく。

3. ジャンケンをくり返し、ゴールをめざす。

思い起こされることばを書く

例： どんなもの？
→ あまいもの ⇨ **さとう**

例： どんなおと？
→ かみなり ⇨ **ごろごろ**

例： はんたいことば
→ おおきい ⇨ **ちいさい**

留意点
- 勝ちにこだわる子どもの場合は、一人で取り組ませるとよいでしょう。
- 競うことが活動のメインとなってしまわないよう、楽しみながら取り組めるように配慮します。

発展
- アナログ式のタイマーを使ってタイムを計るなど、時間を意識させる活動につなげることもできます。
- 一つのことばに対して、複数のことばを思い起こす活動にしてもよいでしょう。

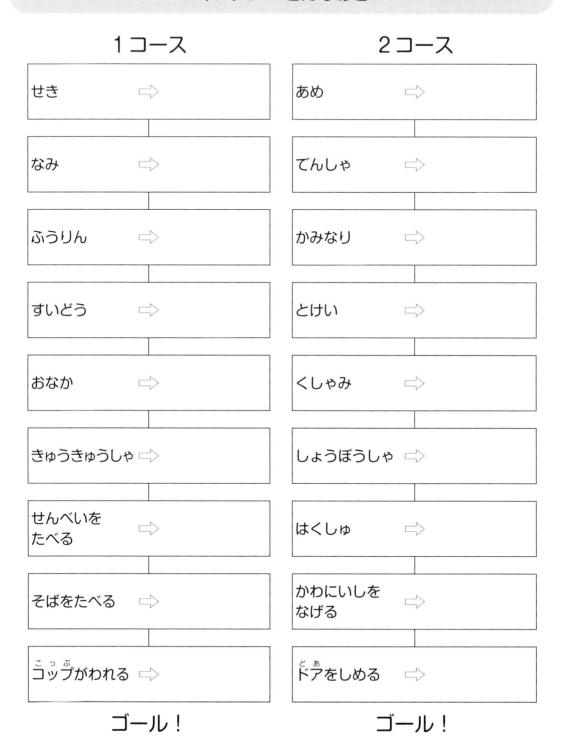

ジャンケン！ はんたいことば

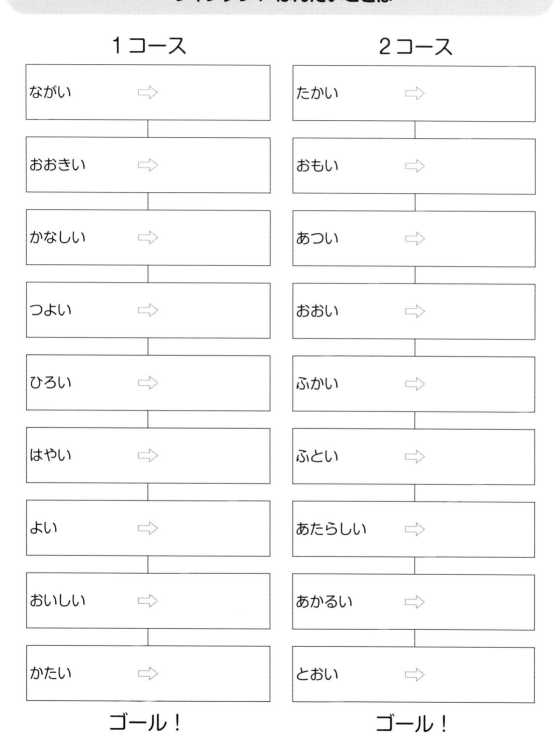

6 ことばなぞなぞ

かかわる能力
- 知識
- 推測
- 話す
- 読む

ねらい たずねられている内容を理解して、ことばを思い起こせるようにします。

使い方 短文をヒントにして、そこから思い起こされることばを考えます。

1. 子どもはなぞなぞの問題を読み、こたえを考える。
2. 考えたこたえについて、知っていることを先生と話し合う。
3. くり返し、こたえを確認したり、書いたりしながら、ものの名前を覚える。

子どもからことばを引き出せるように、質問を工夫する

さわったことあるかな？

留意点
- 音読は黙読よりも難しいため、どちらで取り組ませるかは、子どもの読みの能力に合わせて決めるようにします。

ポイント
- こたえのはじめの文字だけを教えるなど、できるかぎり子どもが自分でこたえを言えるように工夫します。

ことばなぞなぞ

PART 2 語彙

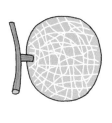

たべもの

- あきに とれる きのみで からだに とげが たくさんあります。

- なつに ひやして たべる くだもので まるくて なかみが あかいです。

- うえから よんでも したから よんでも おなじ なまえの あかい やさいです。

- たんじょうびに ろうそくを たてて みんなで たべるものです。

- うしが だす しろいのみもので きゅうしょくにも でてきます。

- とても すっぱい きいろい くだものです。

- かわが きみどりいろで あみめもようの あまい くだものです。

ことばなぞなぞ

いきもの

- ふゆに とおくの くにから やってくる しろい とりです。
- カーカーと なく くろい とりです。
- つちの なかに もぐっていて トンネルを ほる どうぶつです。
- よる もりの なかで ホーホーと なく とりです。
- きを くちばしで つついて あなを あける とりです。
- うみに すんでいて おなかの うえで かいを わって たべる どうぶつです。
- あさ チュンチュンと なく とりです。

ことばなぞなぞ

いきもの

- かえるの こどもです。 やがて てや あしが はえます。

- おまつりで すくって あそぶ きれいな いろの さかなです。

- ひとの ものまねを する きれいな いろの とりです。

- あまいものを みつけると きょうれつを つくる ちいさくて くろい むしです。

- はなの みつを あつめる むしです。 はりを もっていて おこると さします。

- おすが はねを ひろげると とても きれいな とりです。

- しろと くろの しまもようの どうぶつです。 アフリカに います。

PART 2 語彙

55

コロコロさいころゲーム

かかわる能力
- 知識
- 推測
- 話す

ねらい ものの名前や動きを表すことばを思い起こしながら、語彙を増やし、適切な使い方を覚えます。

使い方 マス目の中の絵やことばから、ものの名前や鳴き声、ようすなどを連想してこたえます。

1. 二人以上で取り組み、さいころをたてとよこで、それぞれ1回ずつ振る。

2. 1のさいころの、たてとよこの数がぶつかるマス目にある問題にこたえる。

   ● マス目に動物の絵が描いてある場合

   例： 猫の絵 → 名前や鳴き声をこたえる

   ● マス目に動詞が書いてある場合

   例： 「ひかる」 → 「ほし」などと、思い起こしたことばやようすをこたえる

3. こたえたマス目に書かれた点数を計算し、合計点の多さを競う。

ポイント
- こたえを思い起こすことが難しい場合は、「どんな鳴き声かな?」などと、子どもが状況を想像しやすくなるような声かけをするとよいでしょう。

発展
- 「とぶ」→「飛行機」「かえる」などと、名前を複数こたえる活動にすることもできます。
- 動物の絵の場合は、どのような動物かを説明する活動にしてもよいでしょう。

コロコロさいころゲーム

たて

	+2	+3 ひかる	+4
1か4	(うし)		(ひよこ)
2か5	+2 きる	+4 たべる	+3 と ぶ
3か6	+3 (ねこ)	+2 まわる	+2 (ぶた)
よこ	1か4	2か5	3か6

コロコロさいころゲーム

たて

1	＋3 のびる	1かい やすみ	＋2 うかぶ	＋5
2か5	＋2	＋5 たべる	＋3	＋4 すべる
3	1かい やすみ	＋2 まわる	＋3 と　ぶ	1かい やすみ
4か6	＋3	＋4 およぐ	＋2 ひかる	＋3 き　る
よこ	1か5	2	3か6	4

コロコロさいころゲーム

たて

	1	2	3	4	5	6
1	＋3 もえる	1かい やすみ	＋4 ひかる	＋3 きる	＋5 はしる	＋6 (ライオン)
2	＋1 (ねこ)	＋5 たべる	＋3 (うさぎ)	＋4 すべる	＋2 およぐ	1かい やすみ
3	＋6 うかぶ	＋2 まわる	＋3 とぶ	1かい やすみ	＋5 (にわとり)	＋1 きる
4	＋5 およぐ	＋4 (ひよこ)	1かい やすみ	＋7 はしる	＋3 のびる	＋2 (ぶた)
5	1かい やすみ	＋2 とぶ	＋4 ひかる	＋6 (ゴリラ)	＋6 たべる	＋1 すべる
6	＋4 のびる	＋2 (うし)	＋5 もえる	＋6 うかぶ	1かい やすみ	＋4 まわる

よこ　1　2　3　4　5　6

PART 2　語彙

8 ようすをあらわすことば

かかわる能力
- 知識 ● 話す
- 読む

ねらい 周囲とのコミュニケーションを豊かにするために、ことばを修飾する擬音語や擬態語の使い方を覚えます。

使い方 示された単語や短文から連想される、物音（擬音語）やようす（擬態語）を表すことばを探します。

1 子どもは、ものの動きやようすを表す内容の単語や短文を読む。

2 単語や短文の内容から予想されることばを探して、線で結ぶ。

例：ことばを選んで結ぶ

はちが とぶ
↓
ぶんぶん

3 結んだことばを声に出して読む。

線で結ぶ

① バットで たまを うつ ● ● ぴかぴか

② ひやけが ひどくなる ● ● ぶんぶん

声に出して読むことで定着しやすくなる

● かきーん

④ きんちょうする ● ● どきどき

⑤ はちが とぶ ● ● ひりひり

ポイント

■ ことばでのコミュニケーションを豊かにするためには、擬音語や擬態語などの活用も重要になります。声に出して読ませながら、定着させていきます。

ようすをあらわすことば

① わらう ●　　　　● きょろきょろ

② おこる ●　　　　● にこにこ

③ ねる ●　　　　● てくてく

④ あるく ●　　　　● ぐーぐー

⑤ さがす ●　　　　● ぷんぷん

ようすをあらわすことば

① バット(ばっと)で たまを うつ　●　　●　ぴかぴか

② ひやけが ひどくなる　●　　●　ぶんぶん

③ へやが とても きれい　●　　●　かきーん

④ きんちょうする　●　　●　どきどき

⑤ はちが とぶ　●　　●　ひりひり

ようすをあらわすことば

① ボールが ころがる　●　　●　ぐるぐる

② はげしい あめが ふる　●　　●　ぱちぱち

③ こまかい あめが ふる　●　　●　ころころ

④ うでを まわす　●　　●　ざーざー

⑤ てを たたく　●　　●　しとしと

9 ことばのたしざん

かかわる能力
- 知識
- 推測
- 読む
- 書く

ねらい 二つ以上の単語から成り立つ「複合動詞」の意味を理解し、適切な使い方を覚えます。

使い方 短文の文脈と、選択肢にある動詞の組み合わせをヒントにして、複合動詞を完成させます。

---

1 子どもは短文を読み、その文脈に関係があると思う動詞の組み合わせを選択肢から選ぶ。

2 選んだ動詞の組み合わせが、どのようなことば（複合動詞）になるかを考えてこたえる。

3 こたえを解答欄に書く。

例：なつの よぞらに はなびを…

動詞の組み合わせ うつ ＋ あげる
↓
複合動詞 うちあげる

読むことにつまずきがある子どもの場合は、短文を見せながら、先生が読んで聞かせてもよい

動詞の組み合わせを複合動詞にしてこたえる

留意点
- 短文からだけでは、動詞の組み合わせを想像することが難しい場合は、選択肢の複合動詞を完成させるだけの学習にしてもよいでしょう。

発展
- 完成させた複合動詞の意味を考える学習へとつなげることもできます。

ことばのたしざん

① なつの よぞらに はなびを ＿＿＿＿＿

② おもちゃを かってもらえずに ＿＿＿＿＿

③ しんかんせんから ちかてつに ＿＿＿＿＿

④ おにごっこで ともだちを ＿＿＿＿＿

⑤ ころんだけれど なかずに ＿＿＿＿＿

たつ＋あがる　　おう＋かける　　のる＋かえる

うつ＋あげる　　なく＋わめく

ことばのたしざん

① わすれていた やくそくを ☐

② えきで ともだちと ☐

③ ひっこしをする ともだちを ☐

④ おとうとに とられた おもちゃを ☐

⑤ つみきを たかく ☐

とる＋かえす　　みる＋おくる　　おもう＋だす

まつ＋あわせる　　つむ＋あげる

ことばのたしざん

① きょうしつの かべに じかんわりを

② のこぎりで きを

③ なみが ザブーンと

④ はたけの いちごを

⑤ てあらいをして よごれを

きる＋たおす　　あらう＋ながす　　はる＋つける

つむ＋とる　　おす＋よせる

10 ちいさい「つ」はどこにはいるかな？

かかわる能力
- 音韻認識
- 読む

ねらい 促音（小さい「つ」）を一つのことばの「音」と理解し、意識して正しく読めるようにします。

使い方 促音の抜けている単語や短文を聞きながら、小さい「つ」が入ると思う位置に印（∧）をつけます。

1. 先生は、小さい「つ」が抜けている単語や短文を、小さい「つ」が入った正しい状態にして、子どもに読んで聞かせる。

2. 子どもは、読み上げられたことばを黙読しながら、小さい「つ」が入ると思う位置に印（∧）をつける。

3. 印をつけた位置に小さい「つ」を入れて音読する。

小さい「つ」の位置に印をつける

例：いてきます
いってきます
→
いてきます
　∧

ポイント
- 印の位置が間違っていてもそのまま音読させ、間違いに自分で気づかせるようにすると、正しい位置が定着しやすくなります。

留意点
- 読むことにつまずきがある子どもの場合は、一度に提示する量を調整します。教材を折り曲げたり、別の紙でかくしたりするとよいでしょう。

ちいさい「つ」はどこにはいるかな？

- がこう
- ケチャプ（けちゃぷ）
- コロケ（ころけ）

- サンドイチ（さんどいち）
- もきん
- ステカー（すてかー）

- ゼケン（ぜけん）
- ロカー（ろかー）
- オトセイ（おとせい）

- スコプ（すこぷ）
- トラク（とらく）
- れしゃ

- シャター（しゃたー）
- いてきます
- いしょ

- こそり
- いらしゃい
- からぽ

- しぱい
- くつく
- しゅせき

- がかり
- こせつ
- てぺん

- ショク（しょく）
- しゅぱつ
- けこんしき

- いぱい
- ステプ（すてぷ）
- すぱい

PART 3 促音

ちいさい「つ」はどこにはいるかな？

- チューリプ
- せけん
- せちゃくざい
- スリパ
- チケト
- らきょう
- なとう
- えにき
- ネクレス
- カスタネト
- ロケト
- ハンモク
- パンフレト
- ピクニク
- たきゅう
- ドジボール
- シロプ
- ひこめる
- つぱる
- ひかく
- じけん
- ちょかく
- ストプ
- びくり
- はしゃ
- まくら
- スキプ
- にらめこ
- そくり
- ひくりかえる

ちいさい「つ」はどこにはいるかな？

- つなを せいいぱい ひぱる。

- このみちを ますぐ いてください。

- ポケトに てを いれるのは みともない。

- きゅうこうれしゃが てきょうを わたる。

- まくらな ばしょは こわくて ぞとする。

- きらいだと いて たべないのは もたいない。

- ハンドバグに おかねが はいている。

- いしょに うたを うたてください。

- やまの てぺんに はたが たている。

- かこいい ふくを かてもらた。

ちいさい「つ」を かいてみよう

かかわる能力
- 音韻(おんいん)認識 ● 推測
- 読む ● 書く

ねらい 促音(そくおん)(小さい「つ」)を一つのことばの「音」と理解し、意識して正しく書けるようにします。

使い方 こたえに促音が含まれる問題を解き、小さい「つ」の入ることばを意識しながら書きます。

1. 先生ははじめに、問題のこたえには、小さい「つ」が入ることを子どもに伝える。

2. 子どもは問題を読み、こたえを考えてマス目に書く。

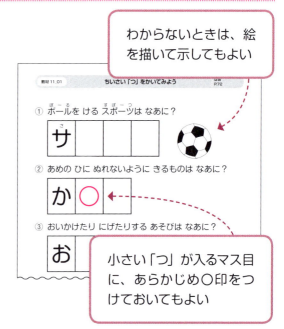

わからないときは、絵を描いて示してもよい

小さい「つ」が入るマス目に、あらかじめ○印をつけておいてもよい

ポイント

■ こたえを書く前に、促音を含めたことばの音の数だけ手拍子を打たせると、促音が入る位置をイメージしやすくなります。

留意点

● 小さい「つ」を意識させることが目的の学習なので、こたえがわからないときは、絵を描いて示すなど、ヒントを多く出すようにします。

● 書くことにつまずきがある子どもの場合は、小さい「つ」が入るマス目に印をつけるだけにしてもよいでしょう。

ちいさい「つ」をかいてみよう

① ボール(ぼーる)を ける スポーツ(すぽーつ)は なあに？

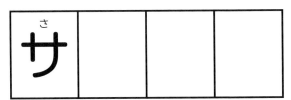

② あめの ひに ぬれないように きるものは なあに？

③ おいかけたり にげたりする あそびは なあに？

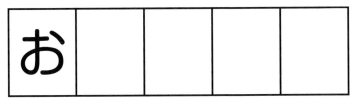

④ いえを でるときにする あいさつは なんていう？

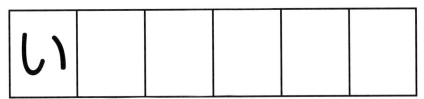

⑤ ねばねばしていて いとを ひく たべものは なあに？

ちいさい「つ」をかいてみよう

① あなを ほるときに つかう どうぐは なあに？

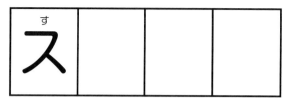

② てがみに はるものは なあに？

③ いえの なかで はく はきものは なあに？

④ みずを のむときに つかう いれものは なあに？

⑤ たいいくで ゆかに しいて つかうものは なあに？

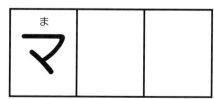

ちいさい「つ」をかいてみよう

① だいどころのことを えいごでは なんていう？

キ			

② たくさん あることを なんていう？

い			

③ やきゅうで つかう どうぐは なあに？

バ		

④ くっつけたり くみたてたりして あそぶものは なあに？

ブ			

⑤ でんしゃに のるときに かうものは なあに？

き		

PART 3

促音

ちいさい「つ」をかいてみよう

① おどろくことを なんていう？

② ふいて おとを だす がっきは なあに？

③ うつと たまが でてくる おもちゃは なあに？

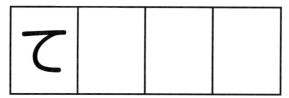

④ みんなが べんきょうをしに いく ばしょは どこ？

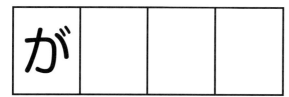

⑤ りんごのことを えいごでは なんていう？

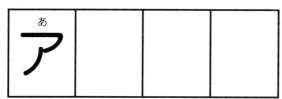

ちいさい「つ」をかいてみよう

① はこの なかに なにも はいっていないことを なんていう？

か			

② あたたかい くにで とれる きいろい くだものは なあに？

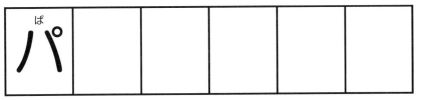

③ てのひらに つけて たたいて ならす がっきは なあに？

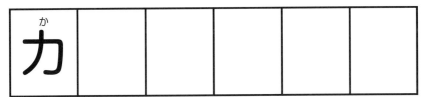

④ じゃがいもに ころもを つけて あぶらで あげたものは なあに？

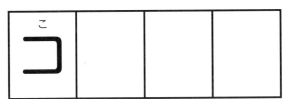

⑤ いま いるところから でかけることを なんていう？

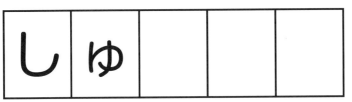

ちいさい「つ」をかいてみよう

① たいこや ピアノなどの おとを だす どうぐは なあに？

② 3ぷんかん まってから たべる ラーメンは なあに？

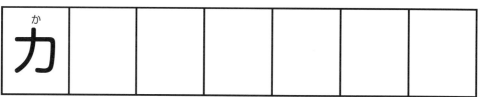

③ ハムや たまごが はさんである パンは なあに？

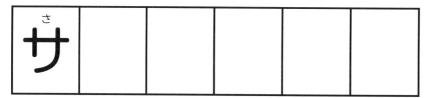

④ うみにいて おなかの うえで かいを わる どうぶつは なあに？

⑤ いま すんでいる いえから べつの いえに うつることを なんていう？

ちいさい「つ」をかいてみよう

① うっかり まちがえてしまうことを なんていう？

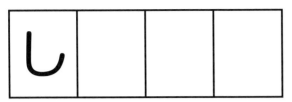

② くびに つける アクセサリーは なあに？

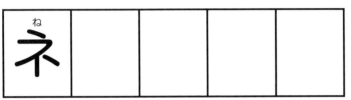

③ ひっくひっくと くちから でて とまらなくなるものは なあに？

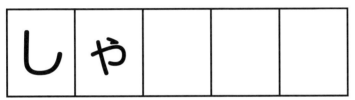

④ てを あらうとき つかうものは なあに？

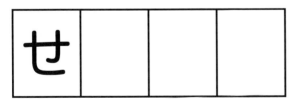

⑤ おなじに みえたり にていたりすることを なんていう？

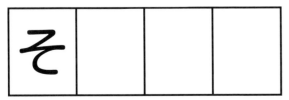

12 スリーヒントクイズ

かかわる能力
- 知識
- 推測
- 読む

ねらい 複数の情報から、たずねられている内容を理解したり、その情報が示すものを思い起こしたりできるようにします。

使い方 3つの短文をヒントに、その文章が示しているものが何かを考えます。

1. 子どもは、3つの短文を読む。

2. 短文の内容が示していると思うものを選択肢から選び、〇印で囲んだり、名前をこたえたりする。

> 読むことにつまずきがある子どもの場合は、短文を見せながら、先生が読んで聞かせてもよい

示していると思うものを〇印で囲む

発展
- 活動に慣れてきたら、こたえに対して用途や特徴をたずねる学習へつなげてもよいでしょう。
- 身近なものから、問題を考えさせる学習に発展させることもできます。

スリーヒントクイズ

① いとが ついています。
② ティッシュペーパーを まるめて つくります。
③ あめが ふらないように おねがいします。

① なげて あそぶものです。
② ひろい ところで あそびます。
③ なげても じぶんの ところに もどってきます。

① てに はめるものです。
② かわで できています。
③ とんできた ボールを とります。

スリーヒントクイズ

- ① きんぞくで できています。
- ② これが ないと いえには はいれません。
- ③ ド(ど)ア(あ)を あけるときに つかいます。

- ① あついときや スポ(す)ー(ぽ)ツ(ー)をするときに つかいます。
- ② いろいろな かたちのものが あります。
- ③ でかけるときに かぶるものです。

- ① ガ(が)ラ(ら)ス(す)や プ(ぷ)ラ(ら)ス(す)チ(ち)ッ(っ)ク(く)で できています。
- ② ちかくや とおくが よく みえるようになります。
- ③ みみに かけて つかいます。

スリーヒントクイズ

- ① きんぞくで できています。
- ② さきが とがっています。
- ③ まるい かたちを かくときに つかいます。

- ① きんぞくで できています。
- ② フォークと いっしょに つかいます。
- ③ たべものを きるときに つかいます。

- ① さきを さわると てが くろくなります。
- ② もじを かくときに つかいます。
- ③ つかえば つかうほど みじかくなります。

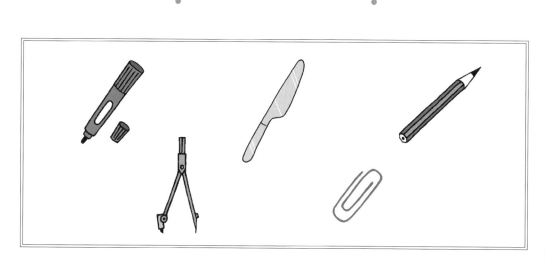

スリーヒントクイズ

① そらに うかんで みえるものです。
② かたちが まるくなったり かけたりします。
③ よるになると あかるく かがやきます。

① すこしずつ のびていきます。
② みどりいろの はっぱを つけています。
③ ながい じかんをかけて おおきくなります。

① ひろい うみに うかんでいます。
② ふねに のっていきます。
③ ひとが すんでいたり すんでいなかったりします。

スリーヒントクイズ

① おおきな おとが なります。
② とても おもたいものです。
③ おぼうさんが ふとい ぼうで つきます。

① ぼうで たたくと おとが なります。
② おんがくの じかんに つかいます。
③ かたちは さんかくです。

① かぜが ふくと ゆれます。
② ガラスで できています。
③ ゆれると きれいな おとが なります。

スリーヒントクイズ

- ① ラケットを つかう スポーツです。
- ② ボールは ちいさくて かるいです。
- ③ テーブルの うえで ボールを うちあいます。

- ① 1チームは 9にんです。
- ② バットで ボールを うつ スポーツです。
- ③ とんできた ボールを とるひとも います。

- ① ラケットを つかう スポーツです。
- ② かぜが こない たいいくかんで やります。
- ③ ネットを はさんで はねを うちあいます。

スリーヒントクイズ

① かるくて まるいものです。
② うみや プール(ぷーる)で つかいます。
③ みずの うえに プカプカ(ぷかぷか)と うきます。

① かるくて まるいものです。
② ちいさい こどもが ほしがります。
③ そらに フワフワ(ふわふわ)と うかびます。

① がっこうで つかうものです。
② つみかさねると だんだん たかくなります。
③ はしって とびこえるものです。

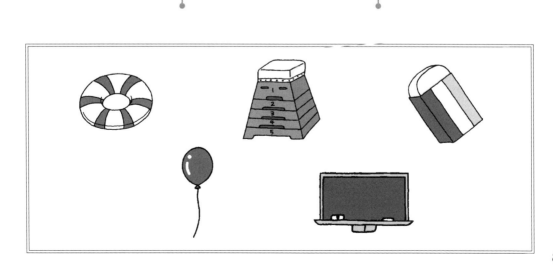

13 かくれたことばを みつけよう

かかわる能力
- 知識 ● 推測
- 読む ● 書く

ねらい たずねられている内容を理解して、そこから思い起こされるものを考えたり、書いたりできるようにします。

使い方 ヒントや問題を参考にして、クロスワードパズルを完成させます。

1. 先生ははじめに、問題にはそれぞれ「あいさつ」「あそび」「行事」などのテーマがあり、こたえはそのテーマに沿ったものであることを子どもに伝える。

2. 子どもはヒントを読み、こたえがわかった場合は太線のマス目に書く。ヒントだけではこたえがわからない場合は、問題に取り組んでこたえを考える。

> わからないときは、問題に取り組む

> ヒントでこたえがわかった場合は、はじめに書く

> マス目が小さい場合は、教材を拡大してコピーや印刷する

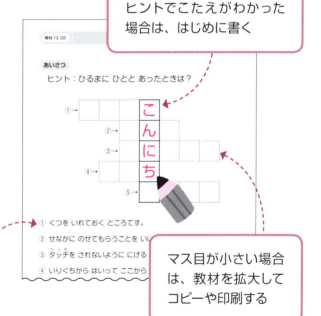

こたえ：**こんにちは**

ポイント
- ひらがな・カタカナが定着していない場合は、文字を思い起こす負担を軽減するために、五十音表を活用するとよいでしょう。

かくれたことばをみつけよう

あいさつ

ヒント：ごはんを たべるときは？

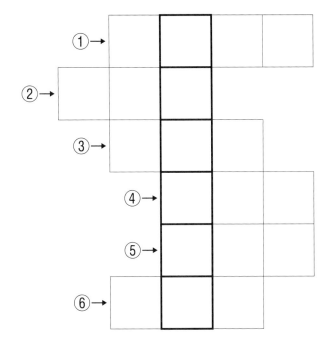

① がっこうで うんどうをする じゅぎょうです。

② きょうの つぎの ひのことを いいます。

③ みぎの はんたいのことを いいます。

④ べつの ふくに かえることを いいます。

⑤ しらない ばしょで ひとと はぐれてしまうことです。

⑥ にがくても びょうきを なおすために のみます。

かくれたことばをみつけよう

がっこう

ヒント：きゅうしょくのあと げんきよく あそびます。

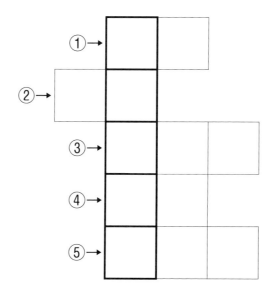

① にもつを まとめるときに むすんで つかいます。

② ひとに ちかいと いわれている どうぶつです。

③ にんじん じゃがいも ピーマンなどは これの なかまです。

④ もって ふると きれいな おとを だす まるいものです。

⑤ ふねが でたり もどってきたりする ところです。

かくれたことばをみつけよう

ぎょうじ

ヒント：このひは こいのぼりを かざります。

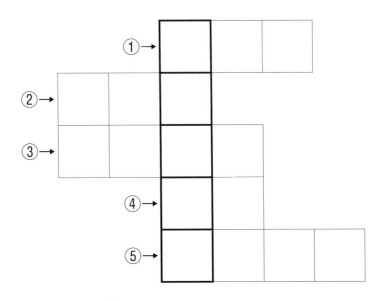

① ての ゆびの なかで いちばん ちいさい ゆびです。

② ずこうで つかいます。こねて いろいろな かたちを つくります。

③ でんしゃ バス(ばす) ひこうきは これの なかまです。

④ うみで とれる かいそうで おにぎりに まきます。

⑤ なつに さく せが たかくて きいろい はなです。

14 クロスワードパズル

かかわる能力
- 知識
- 推測
- 読む
- 書く

ねらい たずねられている内容を理解して、そこから思い起こされるものを考えたり、書いたりできるようにします。

使い方 短文や絵をヒントにして、クロスワードパズルを完成させます。

1. 子どもは、たてとよこそれぞれの問題を読み、マス目に入ることばを考える。

2. 考えたことばをマス目に書き、クロスワードパズルを完成させる。

「かきくけこ」のどれかが入るよ

ヒント自体が音韻（おんいん）操作になるように工夫するのもよい

マス目が小さい場合は、教材を拡大してコピーや印刷する

かきくけこ

留意点

- 一つの問題でつまずき、それにこだわって、学習が進まなくなってしまう場合もあります。わからなければ、切りかえて次の問題に取り組むように促します。

- こたえは、ひらがな・カタカナのどちらで書いてもよいですが、混同することでつまずく子どもの場合は、はじめからすべてひらがなで書かせるようにしましょう。

クロスワードパズル

よこ

① じかんを しるために つかう どうぐです。

② ボールと バットと グローブを つかう スポーツです。

③ くろと しろの しまもようのある どうぶつです。

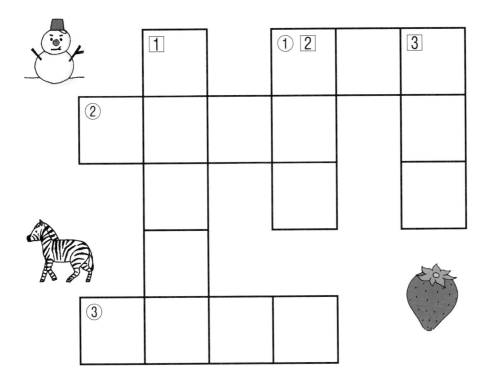

たて

1 ゆきを おおきく まるめて つくります。

2 しろくて くずれやすい おみそしるにも いれる たべものです。

3 あかくて あまい つぶつぶの いっぱいある くだものです。

クロスワードパズル

よこ

① よるに なると そらに うかんで あかるく てらします。

② はちが あつめる あまいものです。

③ コンコンと なく どうぶつです。

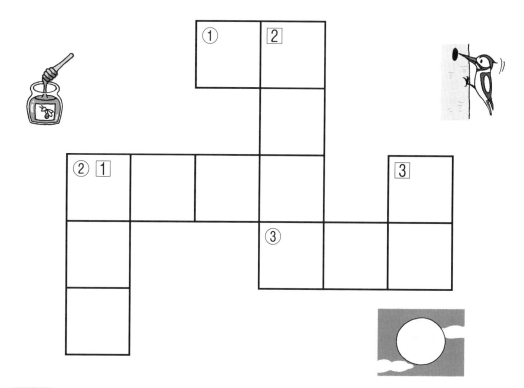

たて

１ かみを きるときに つかう どうぐです。

２ くちばしで きを つついて あなを あける とりです。

３ みずの うえを すすむ のりものです。

クロスワードパズル

よこ

① りょうりを する ばしょの ことです。

② あした はれてほしい ときに これを ぶらさげます。

③ そとに でるときに あたまに かぶるものです。

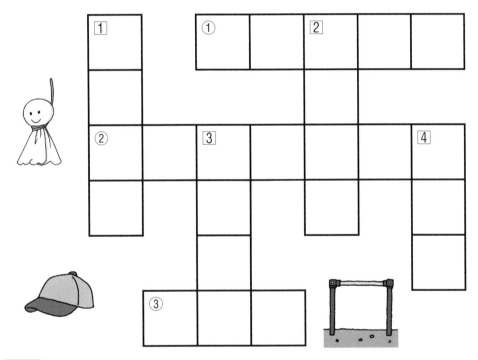

たて

[1] まどに つるして ひかりを さえぎります。

[2] おかねや ものを ぬすむことです。

[3] つかまって まえまわりや うしろまわりを します。

[4] えを かいたり こうさくを したりする べんきょうです。

15 なぞなぞあいうえお

かかわる能力
- 知識
- 推測
- 読む
- 書く

ねらい 同じ文字をくり返し確認しながら、ひらがな・カタカナやものの名前を覚えます。

使い方 こたえのはじめの文字が、すべて同じになる問題を解きながら、文字をくり返し確認し、ひらがな・カタカナを覚えていきます。

1 先生ははじめに、問題のこたえは、はじめの文字が同じになることを子どもに伝える。

2 子どもは問題を読み、はじめの文字をヒントにしながら、こたえをマス目に書く。

ポイント

- こたえがわからなくてもすぐに教えてしまうのではなく、先生は、さまざまなヒントを与えながら、最終的には子どもが自分でこたえを書くことができるように工夫することが大切です。
- 促音（そくおん）につまずく子どもの場合は、あらかじめ促音の入るマス目に〇印をつけておき、意識させるようにしてもよいでしょう。

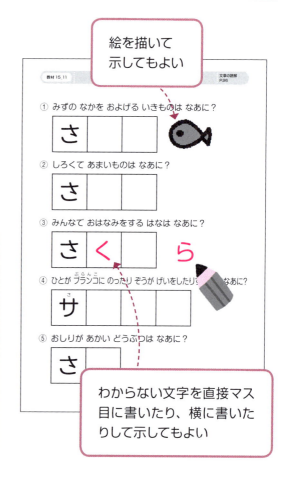

絵を描いて示してもよい

わからない文字を直接マス目に書いたり、横に書いたりして示してもよい

なぞなぞあいうえお－あ

① そらから おちてくる みずは なあに？

② じめんに トンネルを ほる ちいさな むしは なあに？

③ せっけんを つかうと ぶくぶく でてくるものは なあに？

④ からだの なかで あるくと つかれる ところは どこ？

⑤ さかなを とったり むしを とったりするものは なあに？

なぞなぞあいうえお-か

① ぼうしを とばす いたずらをする ものは なあに？

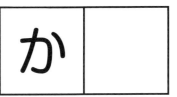

② うみに いて からを とじたり ひらいたりするものは なあに？

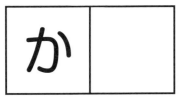

③ あおいときは にがくて あかくなると あまくなる くだものは なあに？

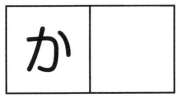

④ いえが ひで もえてしまうことを なんていう？

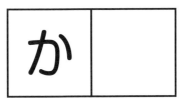

⑤ ケロケロと ないて ぴょんと とぶ いきものは なあに？
   _{けろけろ}

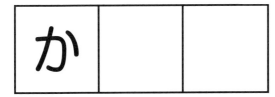

なぞなぞあいうえお―さ

① みずの なかを およげる いきものは なあに？

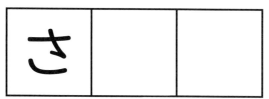

② しろくて あまいものは なあに？

③ みんなで おはなみをする はなは なあに？

④ ひとが ブランコに のったり ぞうが げいをしたりするのは なあに？

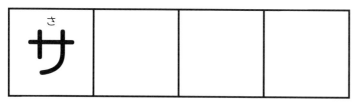

⑤ おしりが あかい どうぶつは なあに？

なぞなぞあいうえお－た

① すいかの なかに いっぱいある くろいものは なあに？

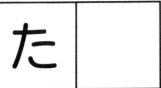

② うえから みずが ながれおちてくるところは どこ？

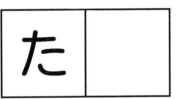

③ にわとりが うむものは なあに？

④ そとから かえってきたら いう ことばは なあに？

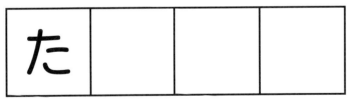

⑤ さかなの かたちで あんこが はいった あまい たべものは なあに？

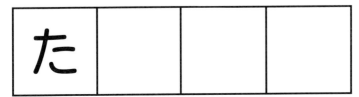

なぞなぞあいうえお-な

① てを あげると せんせいが よぶのは なあに？

な		

② うみで ざぶんと おとを たてているものは なあに？

な	

③ なくと でてくるものは なあに？

な		

④ みずたまりでも へいきな くつは なあに？

な			

⑤ かきまぜると ねばねばする たべものは なあに？

な			

なぞなぞあいうえお－は

① ようふくを ぬうときに いとと いっしょに つかうものは なあに?

| は | |

② しかくい かみで ゆうびんやさんが はこぶものは なあに?

| は | | |

③ ちょきん ちょきんと かみを きるものは なあに?

| は | | |

④ やさいが できる ところは どこ?

| は | | |

⑤ ポケットに もっていて てをあらったあとに つかうものは なあに?

| ハ(は) | | | |

なぞなぞあいうえお—ま

① ねるときに あたまの したに しくものは なあに？

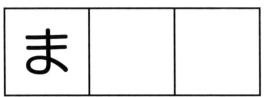

② かぜを ひいたときに くちに つけるものは なあに？

③ まぶたに はえているものは なあに？

④ ものを きるときに ほうちょうと いっしょに つかうものは なあに？

⑤ 「おには そと」「ふくは うち」と いいながらすることは なあに？

16 りゆうをかんがえよう

かかわる能力
- 社会性 ● 知識
- 話す ● 読む
- 書く

ねらい 周囲とのコミュニケーションを豊かにするために、身近な物事について理解し、それをことばで説明できるようにします。

使い方 身近な生活習慣について、なぜそれを行う必要があるのかを話し合ったり、書いたりします。

1. 子どもは、身近な生活についての質問を読み、それを行う理由を考える。

2. 考えた理由を先生と一緒に話し合い、解答欄に書く。

> 書くことにつまずく子どもの場合は、単語や箇条書きで書ければよいことにしたり、先生がかわりに書いたりしてもよい

> 「先生はこんな理由を考えたよ」「どう思う?」などと、子どもからことばを引き出すように声のかけ方を工夫しながら話し合う

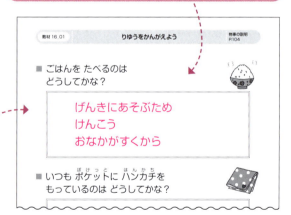

教材 16_01　りゆうをかんがえよう　物事の説明 P.104

■ ごはんを たべるのは どうしてかな?

　げんきにあそぶため
　けんこう
　おなかがすくから

■ いつも ポケットに ハンカチを もっているのは どうしてかな?

留意点
- 子どもの意見が質問されている内容にあてはまらなかったとしても、否定せずに考えたこと自体の努力を認めて評価します。そのうえで、「先生の意見」として解釈の例を伝えます。

ポイント
- 人の意見を通して社会のルールに気がついたり、生活上の適切な言動を知ったりできるように導くことが大切です。

りゆうをかんがえよう

■ ごはんを たべるのは
　どうしてかな？

■ いつも ポケットに ハンカチを
　もっているのは どうしてかな？

■ そとに でかけるときに くつを
　はいていくのは どうしてかな？

りゆうをかんがえよう

■ おふろに はいるのは
どうしてかな？

■ かぜを ひいたときに マスクをするのは
どうしてかな？

■ みんなが とけいを もつのは
どうしてかな？

りゆうをかんがえよう

■ そとで あそんできたら てを あらうのは どうしてかな？

■ おとなと いっしょに はなびをするのは どうしてかな？

■ さむい ひに ようふくを たくさん きるのは どうしてかな？

17 けろちゃんは なにをしているの？

かかわる能力
- 状況の理解
- 文法
- 話す
- 書く

ねらい 主語、目的語、述語などを使って文章を書いたり、物事を説明したりできるようにします。

使い方 絵の「けろちゃん」が何をしているのかを考え、それを文章に書いたり、ことばで説明したりします。

1. 子どもは絵を見て、その場面がどのようなようすを表しているかを考える。

2. 考えたようすを「〜は〜を〜している」などの文型にして、先生と話したり解答欄に書いたりする。

> 文型を示しておき、話しながら確認できるようにしてもよい

文型例：
○○は ○○○を（に） ○○○している

「けろちゃん」が何をしているのかを書く

留意点
- 書くことにつまずく子どもの場合は、考えたようすを話すことだけを目的とした活動にしてもよいでしょう。

けろちゃんはなにをしているの?

①

②

③

④

① けろちゃんは _____

② けろちゃんは _____

③ けろちゃんは _____

④ けろちゃんは _____

けろちゃんはなにをしているの？

①

②

③

④

① けろちゃんは _____

② けろちゃんは _____

③ けろちゃんは _____

④ けろちゃんは _____

けろちゃんはなにをしているの?

①

②

③

④

① けろちゃんは _____

② けろちゃんは _____

③ けろちゃんは _____

④ けろちゃんは _____

けろちゃんはなにをしているの？

①

②

③

④

① けろちゃんは _____

② けろちゃんは _____

③ けろちゃんは _____

④ けろちゃんは _____

けろちゃんはなにをしているの？

①

②

③

④

① けろちゃんは _____

② けろちゃんは _____

③ けろちゃんは _____

④ けろちゃんは _____

けろちゃんはなにをしているの？

①

②

③

④

① けろちゃんは _____

② けろちゃんは _____

③ けろちゃんは _____

④ けろちゃんは _____

けろちゃんはなにをしているの？

①

②

③

④

① けろちゃんは _____

② けろちゃんは _____

③ けろちゃんは _____

④ けろちゃんは _____

18 ようすをかんがえよう

かかわる能力
- 社会性
- 話す
- 読む

ねらい 場の状況を適切にとらえて、ようすや人の気持ちに気づいたり、それをことばで説明したりできるようにします。

使い方 絵を見て、場面のようすを考えたり、自分に置きかえて考えたりしながら質問にこたえます。

1. 子どもは絵を見て、その場面がどのようなようすを表しているかを考える。

2. 考えたようすを先生と話し合いながら、それぞれの質問を読んでこたえる。

先生も自分の考えを話すことで、同じ状況でも、いくつかの解釈や対応の方法があることに気づかせる

留意点
- 子どもの読みとりが絵の表す状況や質問の内容にあてはまらなかったとしても、否定せずに考えたこと自体の努力を認めて評価します。そのうえで、「先生の意見」として解釈の例を伝えます。

ようすをかんがえよう

① ふたりは なにを していますか？

② ふたりは どうして あそんでいないのですか？

③ ふたりは どんな きもちでしょう？

④ こんなとき あなたなら どうしますか？

⑤ このあと どうなると おもいますか？

⑥ あなたのことを おしえてください

- どんな おともだちと あそんでいますか？

- あなたは いつも なにを して あそんでいますか？

ようすをかんがえよう

① ふたりは なにを していますか?

② おんなのこは どうして おどろいているのですか?

③ おとこのこは どう おもっているでしょう?

④ どうして ふたりの きもちは ちがうのでしょう?

⑤ おばさんは どう おもっているでしょう?

⑥ ふたりの していることについて

- あなたは どう おもいますか?

- そう おもうのは なぜですか?

ようすをかんがえよう

① おとこのこたちは なにをするつもりですか？

② おんなのこは なにをしていますか？

③ おとこのこたちは なんと いっていますか？

④ どうして そういったと おもいますか？

⑤ このあと どうなると おもいますか？

⑥ おんなのこは どんな きもちでしょう？

⑦ あなたが この おとこのこたちだったら どうしますか？

ようすをかんがえよう

① しんごうは なにいろだと おもいますか？

② おんなのこは どうしていますか？

③ このあと どうなると おもいますか？

④ おんなのこのように ならないためには
どうしたら よいですか？

⑤ もし あなたが おおきな ケガをしたり じこに
あってしまったら おうちのひとは どう おもうでしょう？

⑥ あなたも こんなことが ありましたか？

ようすをかんがえよう

① ここは どこだと おもいますか？

② みんなは なにをしていますか？

③ いちばん みぎの おとこのこは どんな しごとを していますか？

④ おんなのこは どんな しごとをしていますか？

⑤ ひだりがわの ふたりは なにをしていますか？

⑥ この ふたりのことを どう おもいますか？

⑦ あなたが この ばしょに いたら どうしますか？

ようすを かんがえよう

① ここは どこだと おもいますか?

② おじさんの しごとは なんですか?

③ おじさんが てに もっているものは なんですか?

④ おとこのこは どんな きもちでしょう?

⑤ おんなのこは どんな きもちでしょう?

⑥ どうして おじさんは こんなことを するのですか?

⑦ あなたも こんなことが ありましたか?

ようすをかんがえよう

① ここは どこだと おもいますか？

② ふたりは どこへ いくのでしょう？

③ おんなのこは なんと いっていますか？

④ おとこのこは なんと いっていますか？

⑤ どうして かさに いれてあげないのでしょう？

⑥ あなたが おとこのこだったら どうしますか？

⑦ あなたが おんなのこだったら どうしますか？

⑧ このあと ふたりは どうなると おもいますか？

19 なかまにわけよう

かかわる能力
- 推測
- 話す
- 読む

ねらい ものの特徴や属性を理解して、なかまに分けたり、分けた理由を説明したりできるようにします。

使い方 選択肢の絵から、問題の内容にあてはまると思うものを選んで、なかまに分けます。

---

1 子どもは選択肢の絵を見て、それぞれの名前を言う。

2 問題を読み、その特徴や属性にあてはまると思うものを選択肢から選び、解答欄に書く。

書くことにつまずきがない子どもには、名前を書かせてもよい

あてはまると思うものを選択肢から選んで書く

それぞれの絵の名前を言う

ポイント

- 話し合うなかで、一つのものにも、いくつかの特徴があることに気づかせます。
- 名前を書かせる場合は、書き込みやすいように拡大してコピーや印刷します。

発展

- わからなかったものを、絵じてんなどで調べる活動に発展させてもよいでしょう。

なかまにわけよう

① タイヤが ひとつの のりものは？　_____

② そらを とぶ のりものは？　_____

③ みずを すすむ のりものは？　_____

④ おきゃくを たくさん のせる のりものは？　_____

⑤ つちを はこべる のりものは？　_____

⑥ たたかう のりものは？　_____

⑦ あしで こぐ のりものは？　_____

⑧ サイレンが なる のりものは？　_____

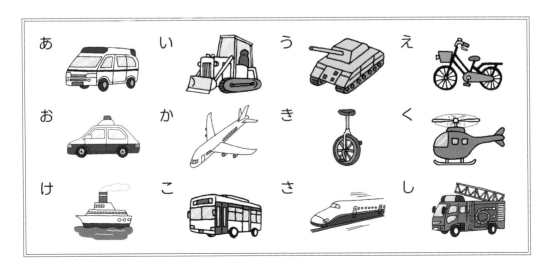

なかまにわけよう

① みずの なかに すんでいるのは？ _____

② ひとを のせて はしるのは？ _____

③ うろこが あるのは？ _____

④ たまごを うむのは？ _____

⑤ あしが ないのは？ _____

⑥ ４ほんあしで あるくのは？ _____

⑦ はねが あるのは？ _____

□ の えは なにの なかまですか？ _____

なかまにわけよう

① ながさや かくどを はかるものは？ _____

② じや せんを かくものは？ _____

③ はりつけるときに つかうものは？ _____

④ きるときに つかうものは？ _____

⑤ つかうと ちいさくなるものは？ _____

⑥ かみを まとめるときに つかうものは？ _____

⑦ かみで できているものは？ _____

☐ の えは なにの なかまですか？ _____

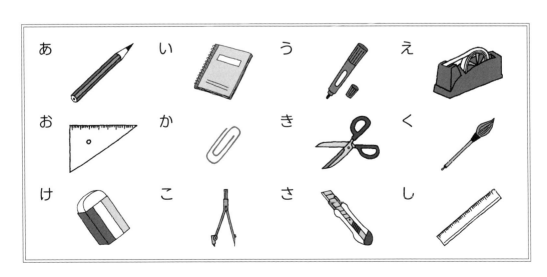

20 つながることばを かいてみよう

かかわる能力
- 知識
- 推測
- 話す
- 書く

ねらい ものの特徴や属性を理解して、そのものについて説明したり、修飾することばを思い起こしたりできるようにします。

使い方 中央の絵を見て、そこから連想されることばを考えて書きます。

1. 子どもははじめに、中央の絵を見て名前を言う。

2. 絵から連想されることばを考えて、解答欄に書く。

絵の名前を言う

思いついたことばを自由に書く

はしる

あかとしろ

くるまのなかま

ポイント
- なかなかことばを思い起こせない場合は、「何のなかまかな？」「どんな色かな？」などと、子どもがことばを思い起こしやすくなるような声かけをします。
- やりとりのなかで出てきたことばを書かせてもよいでしょう。

発展
- 「バス」「タクシー」「消防車」など、中央の絵と同じ特徴をもつなかまを書く活動にすることもできます。

つながることばをかいてみよう

れい

きる ⇔ ✂ ⇔ ぶんぼうぐ
もつ ⇔ ⇔ かたい

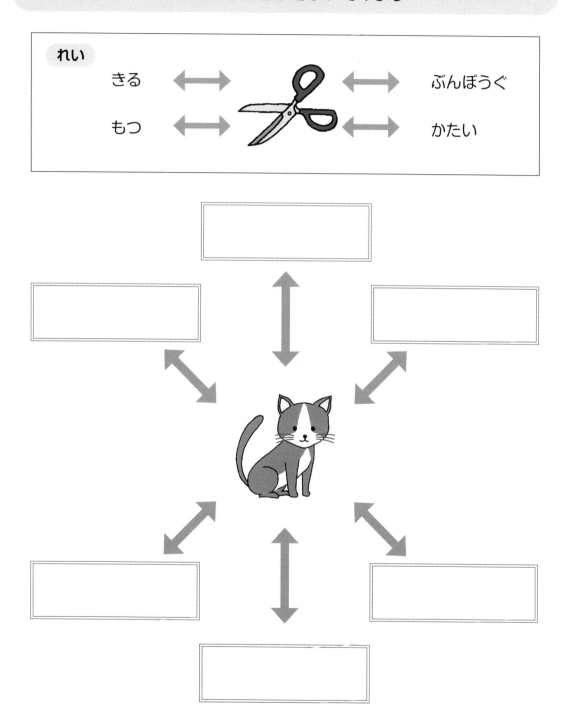

つながることばをかいてみよう

れい きる ⇔ ✂ ⇔ ぶんぼうぐ
　　　　 もつ ⇔ 　 ⇔ かたい

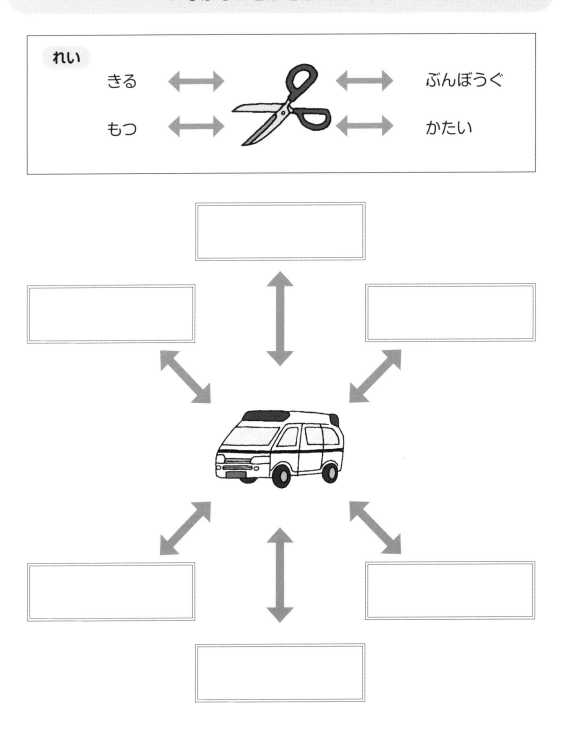

つながることばをかいてみよう

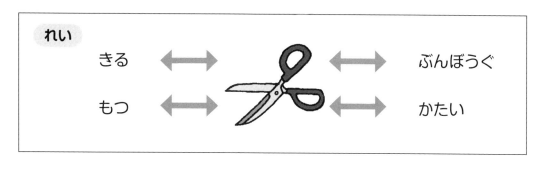

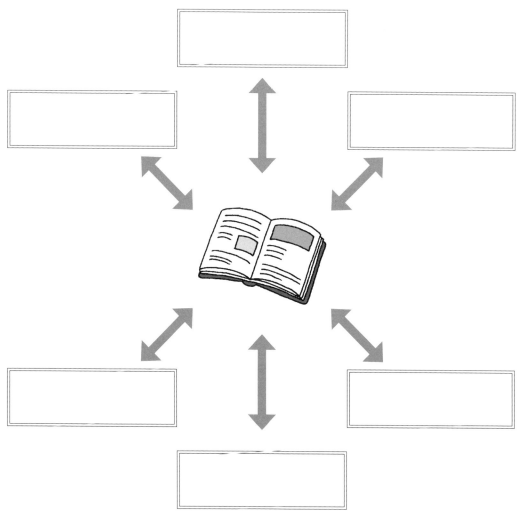

つながることばをかいてみよう

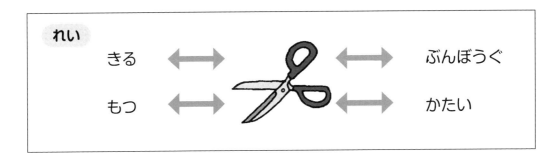

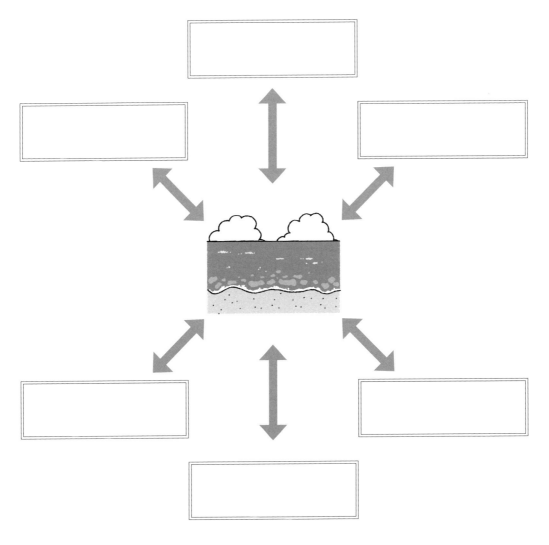

つながることばをかいてみよう

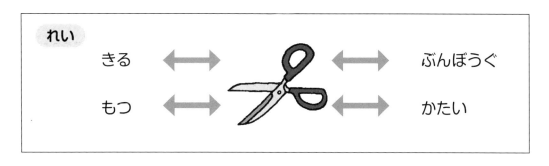

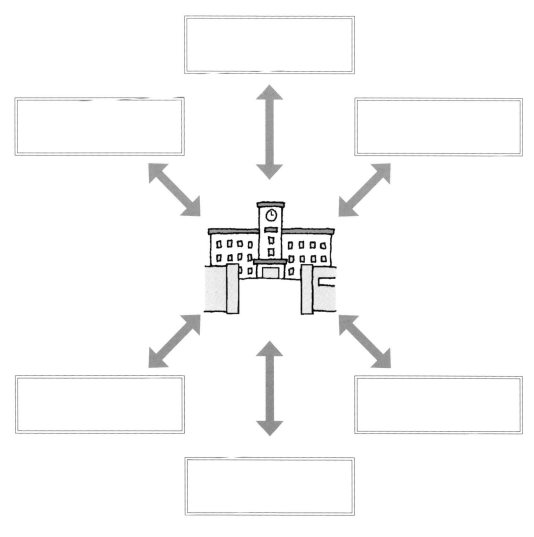

物事の説明

つながることばをかいてみよう

れい
きる ⇔ ✂ ⇔ ぶんぼうぐ
もつ ⇔ ✂ ⇔ かたい

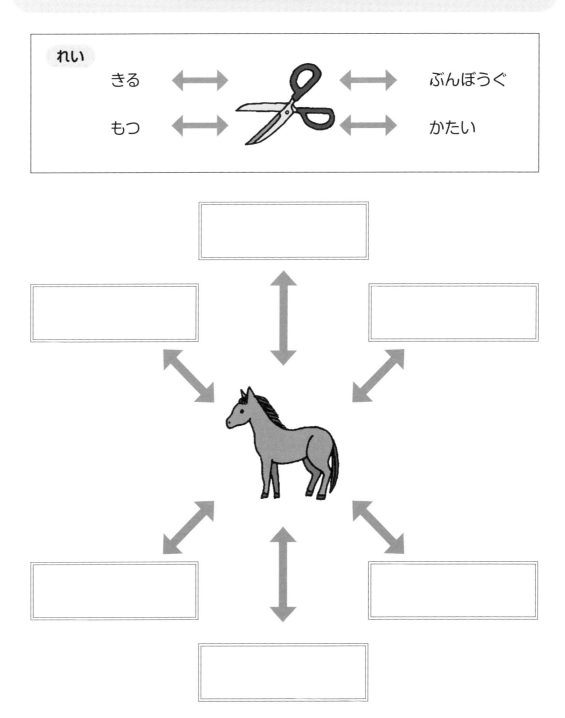

つながることばをかいてみよう

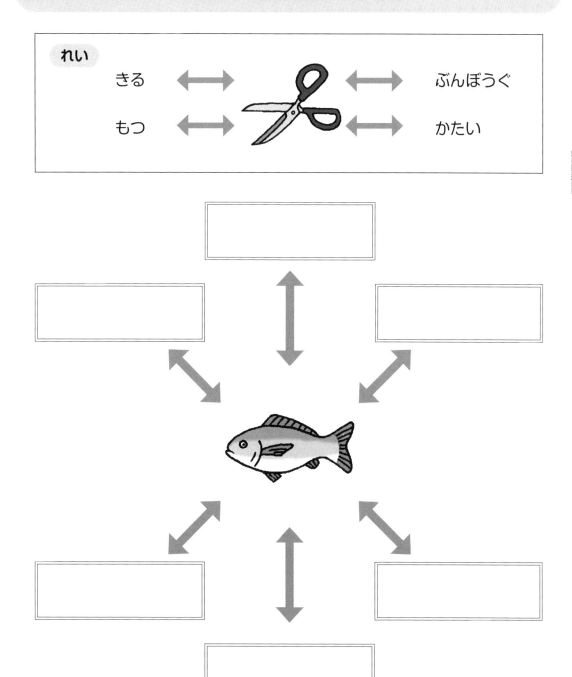

21 おなじところ ちがうところ

かかわる能力
- 知識　● 推測
- 話す　● 書く

ねらい　ものの名前を覚えながら、特徴や属性、ほかのものとの共通点や相違点を理解して、適切に説明できるようにします。

使い方　共通する部分のある二つのものの絵を見ながら、それぞれの共通点と相違点を考えて書きます。

1. 子どもは二つのものが描かれた絵を見て、それぞれの名前を書く。
2. それぞれの絵の、共通するところと違っているところを考えて、先生と話し合う。
3. 子どもは話し合った内容を、解答欄に書く。

絵の名前を書く

単語や箇条書きで書ければよいことにしたり、先生がかわりに書いたりしてもよい

文型を示しておき、話しながら確認できるようにしてもよい

留意点
- 書くことにつまずく子どもの場合は、名前や特徴を言えるだけでよいことにするなどの配慮をします。

おなじところ ちがうところ

なまえ　　　　　　　　　　なまえ

――― おなじところ ―――

――― ちがうところ ―――

おなじところ ちがうところ

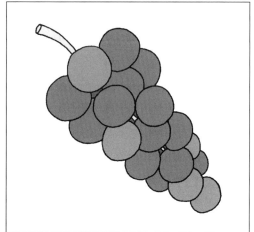

なまえ _____　なまえ _____

=== おなじところ ===

=== ちがうところ ===

おなじところ ちがうところ

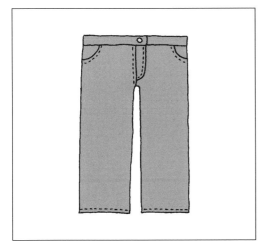 

なまえ _____　　なまえ _____

―― おなじところ ――

―― ちがうところ ――

おなじところ ちがうところ

なまえ _____　　なまえ _____

―― おなじところ ――

―― ちがうところ ――

おなじところ ちがうところ

なまえ _____　　なまえ _____

―― おなじところ ――

―― ちがうところ ――

PART 5　物事の説明

おなじところ ちがうところ

なまえ _____   なまえ _____

― おなじところ ―

― ちがうところ ―

おなじところ ちがうところ

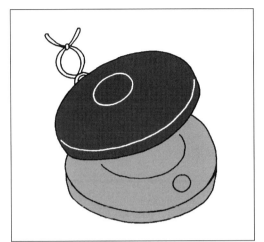
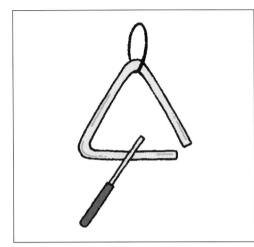

なまえ _____   なまえ _____

― おなじところ ―

― ちがうところ ―

22 どんなものかな？

かかわる能力
- 知 識
- 推 測
- 話 す
- 読 む

ねらい 周囲と適切にコミュニケーションをとるために、ものの特徴や属性に気づき、それをことばで説明できるようにします。

使い方 絵を見ながら、特徴についての質問にこたえたり、話し合ったりします。

---

1 子どもは絵を見て、名前を言う。

2 絵についての質問を読み、それぞれにこたえる。

3 こたえたことや知っていることなどを、先生と自由に話し合う。

発 展

■ 質問だけが記載されたカードと絵カードを用意し、組み合わせを考えさせる学習にしてもよいでしょう。

留意点
- 読むことにつまずきがある子どもの場合は、質問を見せながら、先生が読んで聞かせてもよいでしょう。

どんなものかな？

① なにの なかまですか？

② だれが つかいますか？

③ なにいろですか？

④ どこに もっていきますか？

① なにの なかまですか？

② なにを たべますか？

③ からだは なにいろですか？

④ どんなふうに なきますか？

どんなものかな？

① なにの なかまですか？

② なにの うえを はしりますか？

③ なにいろですか？

④ どこで のりますか？

① なにの なかまですか？

② からだと めは なにいろですか？

③ どこに いますか？

④ どんなふうに はしりますか？

どんなものかな？

① なにの なかまですか？

② なにいろですか？

③ どんな あじがしますか？

④ どこに ありますか？

① なにの なかまですか？

② なにいろですか？

③ どこに いますか？

④ どんな かたちですか？

どんなものかな？

① なにの なかまですか？

② なにいろですか？

③ だれが のりますか？

④ どんな おとがしますか？

① なにの なかまですか？

② なにで できていますか？

③ どこで かえますか？

④ どんなときに つかいますか？

どんなものかな？

① なにの なかまですか？

② こどもは なにいろですか？

③ どこに いますか？

④ どんな こえで なきますか？

① なにの なかまですか？

② なにで できていますか？

③ いつ つかいますか？

④ つかうと どんな かんじですか？

どんなものかな?

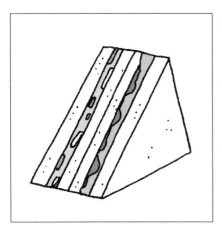

① なにの なかまですか?

② どんな かたちですか?

③ どこで かえますか?

④ なにが はさんでありますか?

① なにの なかまですか?

② なにいろですか?

③ どこに いますか?

④ なにを たべますか?

どんなものかな？

① なにの なかまですか？

② どこへ いきますか？

③ なにを のせますか？

④ どんな おとがしますか？

① なにの なかまですか？

② なにいろですか？

③ どこに いますか？

④ なにを たべますか？

23 むすんでみよう

かかわる能力
- 知識 ● 推測
- 読む ● 書く

ねらい 複数の情報からものを思い起こしたり、その名前を書いたりできるようにします。

使い方 複数の単語をヒントにして、それらが示しているものを考えます。

1 子どもは、それぞれの絵の下に名前を書く。

2 左側の単語を読み、それらが何を示しているのかを考える。

3 単語が示している内容と合うと思う絵を選んで線で結ぶ。

発展

- わからなかった単語を、絵じてんなどで調べる活動に発展させてもよいでしょう。

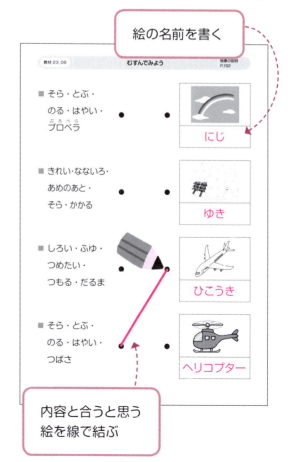

絵の名前を書く

内容と合うと思う絵を線で結ぶ

むすんでみよう

- き・たかい・ちょうじょう・のぼる ●　●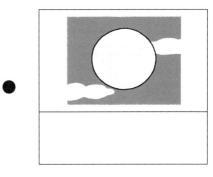

- みず・おちる・はやい・しぶき・おと ●　●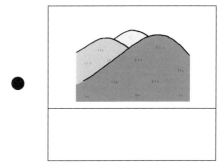

- よる・あかるい・そら・うさぎ・もちつき ●　●

- ひろい・ふかい・しょっぱい・さかな ●　●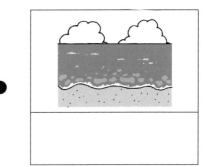

PART 5　物事の説明

むすんでみよう

■ たま・ひも・
さす・のせる・
むかしのあそび

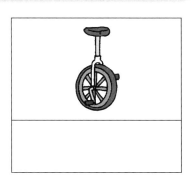

■ こぐ・はやい・
バランス・
タイヤ・ふたつ

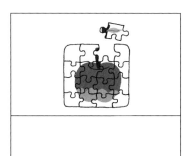

■ こぐ・バランス・
タイヤ・ひとつ・
サーカス

■ ばらばら・もよう・
ピース・ならべる・
はじから

むすんでみよう

- くらい・あな・やま・ながい・どうろ

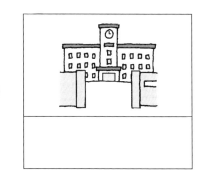

- うみ・よる・めじるし・あかり・ふね

- さんかく・エジプト・いし・さばく

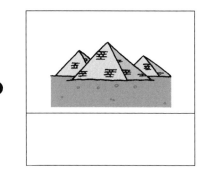

- ともだち・せんせい・きょうしつ・べんきょう

むすんでみよう

- おもち・1がつ・はつひので・おとしだま

- 12がつ・トナカイ・プレゼント・サンタクロース

- 7がつ・たんざく・ねがいごと・あまのがわ

- 5がつ・そら・およぐ・こどものひ

むすんでみよう

■ まる・パン・
やさい・はさむ・
ハンバーグ

■ やさい・ハム・
はさむ・パン・
さんかく

■ まる・ちゃいろ・
やく・バター・
シロップ

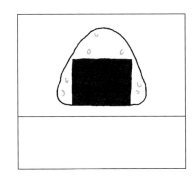

■ おこめ・しお・
のり・にぎる・
おべんとう

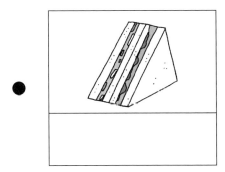

むすんでみよう

■ そら・とぶ・
のる・はやい・
プロペラ

■ きれい・なないろ・
あめのあと・
そら・かかる

■ しろい・ふゆ・
つめたい・
つもる・だるま

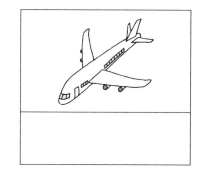

■ そら・とぶ・
のる・はやい・
つばさ

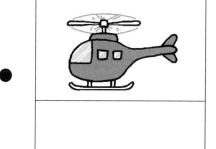

むすんでみよう

■ しろい・はねる・
ながいみみ・
やわらかい

■ ちいさい・およぐ・
すくう・あかい・
おまつり

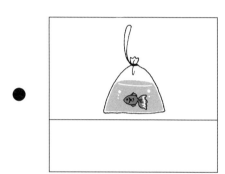

■ くちばし・ちいさい・
きいろい・たまご・
ピヨピヨ

■ つめ・しっぽ・
ひげ・ひっかく・
ニャーニャー

24 じかんのなぞなぞ

かかわる能力
- 時間の流れの理解
- 読む ● 書く

ねらい 身近な月日や行事についての知識を身につけながら、時間の流れの概念を理解したり、物事の順序を考えたりできるようにします。

使い方 身近な月日や行事に関する問題が、それぞれいつのことを示しているかを考えてこたえます。

---

1. 子どもは、月日や行事に関する問題を読む。

2. 問題がいつのことを示しているかを考えて、選択肢から選んで○印で囲んだり、書いたりする。

わからないときは、カレンダーや時間割などを用意して確認させてもよい

学校がはじまるのは何曜日かな？

⚡発展

■ 家族の誕生日など、身近な行事を取り上げてもよいでしょう。

■ 年中行事の本などを見ながら、「それはどんな活動か」「だれとする活動か」などと、状況を想像する学習につなげていくこともできます。

じかんのなぞなぞ

■ **おしょうがつ**は なんがつに あるかな？

_____

■ **クリスマス**は なんがつに あるかな？
  （くりすます）

_____

■ **ひなまつり**は なんがつに あるかな？

_____

■ **こどものひ**は なんがつに あるかな？

_____

■ **せつぶん**は なんがつに あるかな？

_____

1がつ	2がつ	3がつ	4がつ
5がつ	6がつ	7がつ	8がつ
9がつ	10がつ	11がつ	12がつ

じかんのなぞなぞ

■ **いっしゅうかんの ようびを ぜんぶ いえるかな？**

_____

■ **がっこうが はじまるのは なんようびかな？**

_____

■ **がっこうが おわるのは なんようびかな？**

_____

■ **やすみの ひは なんようびと なんようびかな？**

_____

げつようび　　　かようび　　　すいようび

もくようび　　　きんようび　　どようび

にちようび

じかんのなぞなぞ

■ **あしたは** なんがつ なんにち なんようびかな？

　　　　　　　　　　　　がつ　　　にち　　　ようび

■ **あさっては** なんがつ なんにち なんようびかな？

　　　　　　　　　　　　がつ　　　にち　　　ようび

■ **らいしゅうの きょうは** なんがつ なんにち なんようび かな？

　　　　　　　　　　　　がつ　　　にち　　　ようび

■ **らいげつの きょうは** なんがつ なんにち なんようび かな？

　　　　　　　　　　　　がつ　　　にち　　　ようび

25 こんなときどうしますか？

かかわる能力
- 社会性 ● 話す
- 読む ● 書く

ねらい 生活のなかで必要なことばや、求められる適切な行動を考えて、書いたり話したりしながら理解します。

使い方 学校生活で起こるかもしれないことについて、そのような場面ではどのように対応するかを考えて、話したり書いたりします。

1. 子どもは、学校生活に関する質問を読み、
   - そのような状況になったときは、どうすればよいか
   - 周りの人に、どのように伝えればよいか

   を考えて、解答欄に書く。

2. 書いた内容について、先生と話し合う。

先生は自分の考えも話しながら質問する

ハンカチをひろったらどうする？

先生だったら「落ちたよ」って言うかな

💡 ポイント

■ 先生も一緒に取り組み、子どもとそれぞれが考えた内容を話し合うことで、コミュニケーション能力を身につけることができます。

■ 話し合うなかで、同じ状況でも、いくつかの解釈や対応の方法があることに気づかせます。また、考えた内容を話し合うことで、相手の話を受け入れる練習にもつながります。

こんなときどうしますか？

■ ろうかで ハンカチを ひろいました。

- あなたは どうしますか？
- そのとき なんと いいますか？

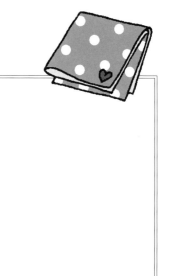

■ じゅぎょうちゅうに トイレに いきたくなりました。

- あなたは どうしますか？
- そのとき なんと いいますか？

PART 7 適切な言動

こんなときどうしますか？

■ きょうかしょを わすれてしまいました。

- あなたは どうしますか？
- そのとき なんと いいますか？

■ たいいくで ころんで けがをしてしまいました。

- あなたは どうしますか？
- そのとき なんと いいますか？

こんなときどうしますか？

■ きゅうしょくで ぎゅうにゅうを こぼしてしまいました。

- あなたは どうしますか？
- そのとき なんと いいますか？

■ たいそうぎを わすれてしまいました。

- あなたは どうしますか？
- そのとき なんと いいますか？

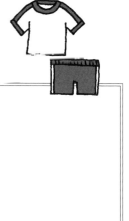

26 きもちをかんがえよう

かかわる能力
- 社会性 ● 話す
- 読む

ねらい 場面に合わせて、適切に自分の気持ちを表現したり、表情から人の気持ちを理解したりできるようにします。

使い方 二つの違う表情の絵を見て、質問の場面では、どちらの感情が適切かを考えます。

1. 先生は子どもに二つの表情が描かれた絵を見せ、それぞれがどんな気持ちを表しているかを考えさせる。

2. 子どもは短文を読み、その内容が、どちらの気持ち（ことば）や表情にあてはまるかを考える。

例： うんどうかいで 1とうしょうになりました。

| 気持ち | うれしい | かなしい |

表情

短文の内容が、どちらにあてはまるかを考える

発展
- どんなときに「うれしい気持ち」や「かなしい気持ち」になるかを、子どもと一緒に話し合ったり、考えさせたりする学習に発展させてもよいでしょう。

きもちをかんがえよう

① うんどうかいで 1とうしょうに なりました。

② たんじょうびに ほしかった おもちゃを もらいました。

③ きょうの きゅうしょくに きらいな ピーマンが でました。

④ がっこうに うわばきを もっていくのを わすれました。

⑤ だいすきな ともだちの となりの せきに なりました。

きもちを かんがえよう

① さんすうの テスト（てすと）が 0てんでした。

② あめが ふってきたのに かさを もっていません。

③ なつやすみの しゅくだいが ぜんぶ おわりました。

④ あしたは かぞくで ゆうえんちへ いきます。

⑤ ころんで ひざを すりむいてしまいました。

きもちをかんがえよう

① にちようびに えいがかんに つれていってもらいました。

② なかよしの おともだちと けんかをしました。

③ サッカーの しあいで とくてんを いれました。

④ じてんしゃで ころんでしまいました。

⑤ おしょうがつに おとしだまを もらいました。

27 かんじをよもう

かかわる能力
- 推測
- 読む

ねらい 文章の文脈と合わせて経験（知っている場面）を思い起こしながら、漢字の読みを覚えます。

使い方 身近な場面を思い起こしながら、漢字で構成された単語や短文をくり返し読んで覚えます。

1. 子どもは、連想ゲームのように漢字でつながっていく単語や短文を、黙読したり音読したりする。

2. 知っている場面を思い起こしながら、くり返し漢字を読み、意味を考えながら覚えていく。

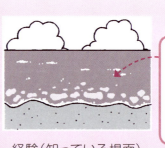

例：
海は 青い
→ 青いのは 空
→ 空には 雲

経験（知っている場面）

漢字を見ながら、経験とともに読み方を思い出す

経験と合わせて漢字を覚えることで、定着しやすくなる

留意点
- 文章を作成する場合は、場面を思い起こしやすいように、子どもがよく知っていることばを使用します。文章を覚えておくことが難しい子どもの場合は、できるだけ問題を短文で作成するとよいでしょう。

かんじをよもう

海は　青い

➡ 青いのは　空

➡ 空には　雲

➡ 雲は　白い

➡ 白いのは　紙

➡ 紙は　切れる

➡ 切れるのは　刀

かんじをよもう

刀は 光る

➡ 光るのは 星

➡ 星は 夜

➡ 夜のあとは 朝

➡ 朝のあとは 昼

➡ 昼は 明るい

➡ 明るいのは 太陽

かんじをよもう

頭は　黒い

➡ 黒いのは　かみの毛

➡ かみの毛は　細い

➡ 細いのは　糸

➡ 糸は　長い

➡ 長いのは　線路

➡ 線路は　電車

かんじをつくろう

かかわる能力
- 書く

ねらい 文字の形を認識させて、漢字を覚えたり、書いたりできるようにします。

使い方 いくつかの画に分解された漢字を、足し算のように組み立てて、正しい漢字を完成させます。

---

1. 子どもは、分解されたいくつかの画が、組み立てるとどのような漢字になるかを考える。

2. 漢字を完成させてマス目に書く。

例：

一 + 大 = 天

気

よこぼうは
一番上につくよ

一つの画のかたまりが
どこにくるか、位置を
教えてもよい

漢字をなかなかイメージできない
場合は、漢字につながる文字やこ
とばを書いたり、漢字を途中まで
書いたりして示してもよい

留意点

- はじめから問題につまずくような場合は、「一番上につくよ」などと、位置を示して教えるなどの工夫をします。画のまとまりを、実際に漢字を書いたときの大きさに書きかえて示してもよいでしょう。

- マス目が小さい場合は、教材を拡大してコピーや印刷するとよいでしょう。

かんじをつくろう

■ 大＋、 = ☐　　■ ナ＋又 = ☐

■ 一＋大 = ☐　　■ ナ＋エ = ☐

■ 罒＋貝 = ☐　　■ 王＋、 = ☐

■ ノ＋一＋口 = ☐　　■ く＋ノ＋一 = ☐

かんじをつくろう

- 山+石 = ☐　　- 小+ノ = ☐

- 女+市 = ☐　　- 止+少 = ☐

- 女+未 = ☐　　- 日+月 = ☐

- 矢+口 = ☐　　- 田+心 = ☐

かんじをつくろう

■ 王+里 = ☐   ■ 氵+也 = ☐

■ へ+ラ = ☐   ■ 氵+毎 = ☐

■ タ+口 = ☐   ■ 厂+白+小 = ☐

■ へ+一+口 = ☐   ■ 竹+へ+一+口 = ☐

29 かんじでことばをつくろう

かかわる能力
- 推測
- 読む
- 書く

ねらい 文字の形の認識と合わせて、経験（知っている場面）を思い起こしながら、漢字を覚えたり、書いたりできるようにします。

使い方 いくつかの画に分解された漢字を、足し算のように組み立てて、正しい漢字とそれを使ったことばを完成させます。

1. 子どもは、ほかの漢字や文脈をヒントにしながら、分解されたいくつかの画が、組み立てるとどのような漢字になるかを考える。

2. 考えた漢字をマス目に書き、ことばを完成させる。

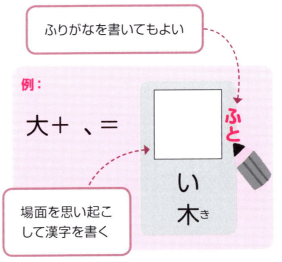

ふりがなを書いてもよい

例： 大 ＋ 、 ＝

ふと

い木き

場面を思い起こして漢字を書く

発展

■ 書くことにつまずく子どもの場合は、いくつかの画をカードなどにして作成し、組み合わせを考えさせてもよいでしょう。

留意点

● この教材は、ただ漢字を覚えるのではなく、知っている場面のイメージと合わせて、漢字を思い起こせるようにすることをねらいとしています。そのため、漢字をなかなか思い出せないような場合は、正しい漢字を教えるようにします。

かんじでことばをつくろう

大＋、＝ □い木き

一＋大＝ □気き

九＋、＝ □い

王＋、＝ □

夕＋ト＝ □

口＋玉＝ □

かんじでことばをつくろう

亠＋口＋小＝ 東とう□都と

''＋冖＋子＝ 小しょう□

木＋交＝ □

雨＋二＋ム＝ 白しろい□

艹＋早＝ □

艹＋イ＋ヒ＝ □

かんじでことばをつくろう

大＋、＝ □(子)

立＋木＋見＝ □(子)

立＋日＝ □
をく
門＋耳＝ □

弓＋ム＋虫＝ □
い
イ＋木＋＿＝ □

30 にっきをかこう

かかわる能力
- 話す
- 書く

ねらい 指定されたテーマをもとにして、文章を考えたり、書いたりできるようにします。

使い方

示されたテーマをもとにして書く内容を考え、場面を整理しながら文章にします。

1. 子どもは先生と話し合い、日記に書くことのテーマを決める。

2. そのテーマについて、子どもが話した内容を先生がメモをし、復唱したり、文章化したりする。

3. 子どもは先生の書いたメモを見たり、口頭でのやりとりを参考にしたりしながら用紙に書く。

日記のテーマを決める

やりとりした内容を、先生がメモする

メモを見て、口頭で文章化しながら書く

ポイント

■ 書字が整わない子どもの場合は罫線のない用紙を使うなど、書字の能力に合わせて使いやすいものを選びます。

留意点

● 書くことにつまずきがある子どもの場合は、子どもが話したことを先生がかわりに書いてもよいでしょう。

● マス目が小さいときは、教材を拡大してコピーや印刷します。

にっきをかこう

がつ　にち　ようび　てんき（　　）

（　）きょう くもりでした	（　）あそびに いきました
（　）きょうの おきにいりの おかず	（　）ごはんを たべました
（　）きょう たのしかったことは	（　）たのしかったです
（　）うれしかったこと たのしかったこと	（　）うれしかったです
（　）きょうの きもちを かきましょう	（　）おふろに はいりました

■ かく ないよう
・
・
・
・

にっきをかこう

（　）がつ　（　）にち　（　）ようび　てんき（　）

（　）あさからくもっていた	（　）テレビをみた
（　）あさのそらがあかかった	（　）うたをうたった
（　）あさのくうきがつめたかった	（　）たのしかった
（　）すずしくてきもちよかった	（　）うれしかった
（　）このごろすずしくなってきた	（　）ともだちとあそんだ

■かくないよう
-
-
-
-

にっきを かこう

きょう ( ) がつ ( ) にち ( ) ようび てんき ( )

( ) きもちが よかった ひ	( ) うれしい きもち
( ) きもちの わるかった ひ	( ) いやな きもち
( ) きもちが うごいた ひ	( ) たのしい きもち
( ) やさしく された ひ	( ) こわい きもち
( ) ともだちと やくそくした ひ	( ) どちらとも いえない きもち

■ かく ないよう

-
-
-
-

PART 11

作文

31 どんなおはなしでしょう

かかわる能力
- 時間の流れの理解
- 状況の理解
- 話す

ねらい 時間の流れの概念を理解し、因果関係や順番を考えながら、物事を説明できるようにします。

使い方 5枚の絵を時系列に並べ、どのような内容かを説明します。

1. 先生が、順番をばらばらにした絵を子どもに見せる。
2. 子どもは絵を正しいと思う順番に並べ、どのような内容かを説明する。

正しいと思う順番に並べる

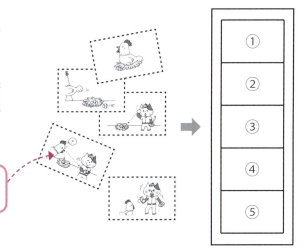

ポイント

- 並べた順番や内容の理解が間違っていても、一度最後まで説明をさせ、途中で気づくことができたら、自分で訂正させましょう。
- 間違いに気づかないまま話し終えた場合も否定はせず、「じゃあ、次は先生の考えも聞いてね」と正しい順番や内容で話を聞かせます。

留意点

- 子どもによっては、正しく並べることができても、言語表現のつまずきからうまく内容を説明できない場合があります。子どもの能力に合わせて、どのレベルまでを求めるのか事前に考えておくことが必要です。

どんなおはなしでしょう

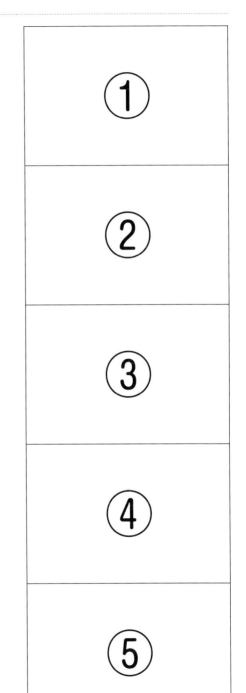

どんなおはなしでしょう

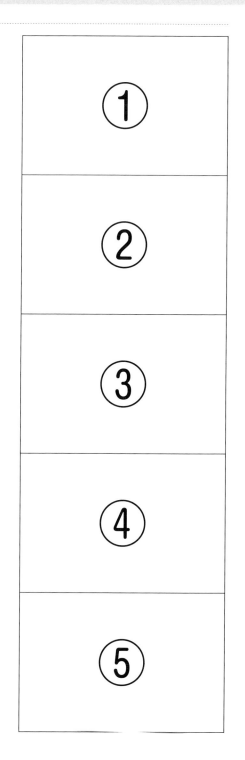

どんなおはなしでしょう

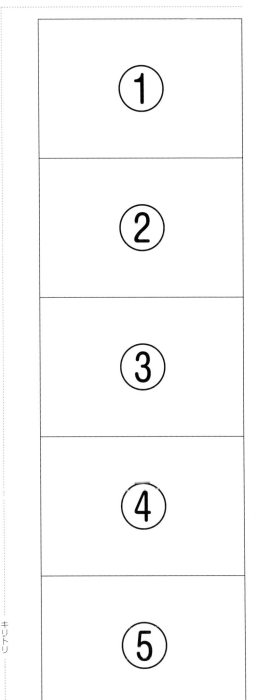

どんなおはなしでしょう

	①
	②
	③
	④
	⑤

どんなおはなしでしょう

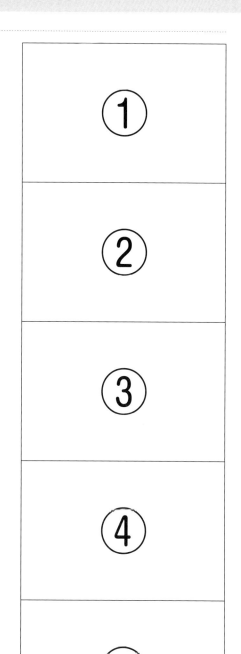

どんなおはなしでしょう

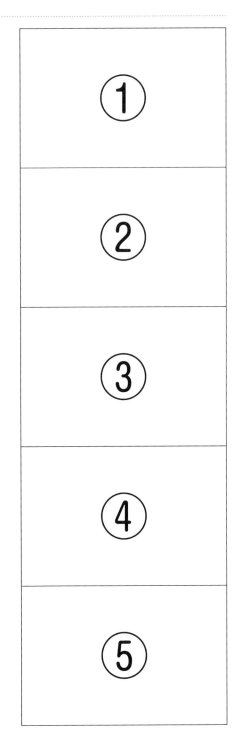

どんなおはなしでしょう

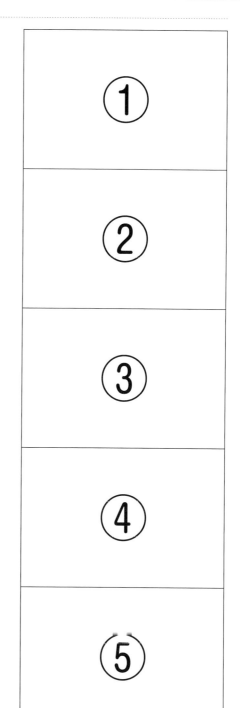

32 おはなしをつくろう

かかわる能力
- 知識
- 推測
- 話す
- 書く

ねらい 与えられた情報について、ことばを思い起こしたり、そのことばをもとに文章を書いたりできるようにします。

使い方 選択肢から絵を一つ選び、その絵をもとにしたお話を考えます。

1. 子どもは選択肢の絵を見て、それぞれの名前を言う。
2. 好きな絵を一つ選び、それをもとにした「お話」を考える。
3. 考えた内容を書いたり、先生と話し合ったりする。

それぞれの絵の名前を言う

お話にする絵を選ぶ

書く前に、口頭で文章化させると書き出しやすくなる

ポイント
- なかなか書く内容を思い起こせない場合は、「見たことある?」「どこで見たの?」などと、子どもが文章を書きやすくなるような声かけをするとよいでしょう。

発展
- 活動に慣れてきたら、複数の絵を活用したお話づくりに発展させてもよいでしょう。

おはなしをつくろう

① えを みて それぞれの なまえを いいましょう。

② すきな えを えらんで おはなしを つくりましょう。

れい

 ライオンは アフリカに すんでいます。

おはなしをつくろう

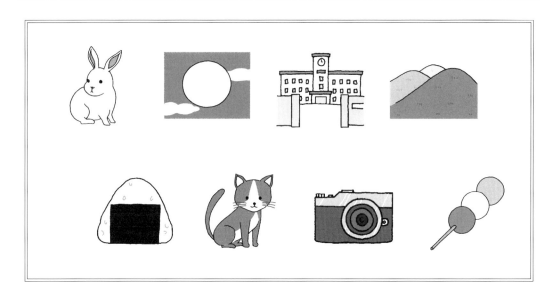

① えを みて それぞれの なまえを いいましょう。

② すきな えを えらんで おはなしを つくりましょう。

れい

■ わたしは **うさぎを** かっています。

おはなしをつくろう

① えを みて それぞれの なまえを いいましょう。

② すきな えを えらんで おはなしを つくりましょう。

れい

 イルカは **うみ**に すんでいます。

33 せつめいしてみよう

かかわる能力
- 知識
- 話す

ねらい 示された場面について、状況をことばで言い表したり、説明したりできるようにします。

使い方 絵を見ながら、場面のようすを考えたり、話し合ったりします。

1. 子どもは絵を見て、その場面がどのようなようすを表しているかを考える。

2. 考えたようすについて、先生と一緒に話し合う。

絵の表す状況を考える

先生は質問をしたり、自分の考えを話したりしながら、子どもの話が広がるように工夫する

何が起こっているのかな？

ポイント
- 先生も一緒に取り組み、子どもとそれぞれが考えた内容を話し合うことで、コミュニケーション能力を身につけることができます。
- 話し合うなかで、同じ状況でも、いくつかの解釈や対応の方法があることに気づかせます。

留意点
- 子どもの読みとりが、絵の表す状況にあてはまらなかったとしても、否定せずに考えたこと自体の努力を認めて評価します。

せつめいしてみよう

せつめいしてみよう

せつめいしてみよう

せつめいしてみよう

せつめいしてみよう

せつめいしてみよう

せつめいしてみよう

●著者
齊藤代一（さいとう・しろかず）
東京学芸大学教育学部卒。12年間、通常学級で担任をつとめた後、言語障害通級指導教室「ことばの教室」を担当する。練馬区立北町西小学校ことばの教室指導教諭を経て、現在、一般財団法人特別支援教育士資格認定協会事務局長。言語聴覚士、特別支援教育士スーパーバイザー。分担執筆に、『CD-ROM付き 特別支援教育をサポートする 読み・書き・計算指導事例集』（ナツメ社）がある。

●本文デザイン　島村千代子
●本文・CD-ROM DTP　有限会社ゼスト
●CD-ROM作成　株式会社ライラック
●本文イラスト　さくま育
福島幸
●校正　株式会社鷗来堂
大道寺ちはる
●編集協力　本庄奈美（株式会社スリーシーズン）
●編集担当　澤幡明子（ナツメ出版企画株式会社）

ナツメ社Webサイト
https://www.natsume.co.jp
書籍の最新情報（正誤情報を含む）は
ナツメ社Webサイトをご覧ください。

本書に関するお問い合わせは、書名・発行日・該当ページを明記の上、下記のいずれかの方法にてお送りください。電話でのお問い合わせはお受けしておりません。
・ナツメ社 webサイトの問い合わせフォーム
https://www.natsume.co.jp/contact
・FAX（03-3291-1305）
・郵送（下記、ナツメ出版企画株式会社宛て）
なお、回答までに日にちをいただく場合があります。正誤のお問い合わせ以外の書籍内容に関する解説・個別の相談は行っておりません。あらかじめご了承ください。

CD-ROM付き 特別支援教育をサポートする
読み書きにつまずく子への国語教材集

2018年2月1日　初版発行
2023年8月1日　第8刷発行

著　者　齊藤代一
発行者　田村正隆

©Saito Shirokazu, 2018

発行所　株式会社ナツメ社
東京都千代田区神田神保町1-52ナツメ社ビル1F（〒101-0051）
電話　03（3291）1257（代表）　FAX　03（3291）5761
振替　00130-1-58661
制　作　ナツメ出版企画株式会社
東京都千代田区神田神保町1-52ナツメ社ビル3F（〒101-0051）
電話　03（3295）3921（代表）
印刷所　図書印刷株式会社

ISBN978-4-8163-6400-6　Printed in Japan
〈価格はカバーに表示してあります〉〈落丁・乱丁本はお取り替えします〉

本書の一部または全部を、著作権法で定められている範囲を超え、ナツメ出版企画株式会社に無断で複写、複製、転載、データファイル化することを禁じます。